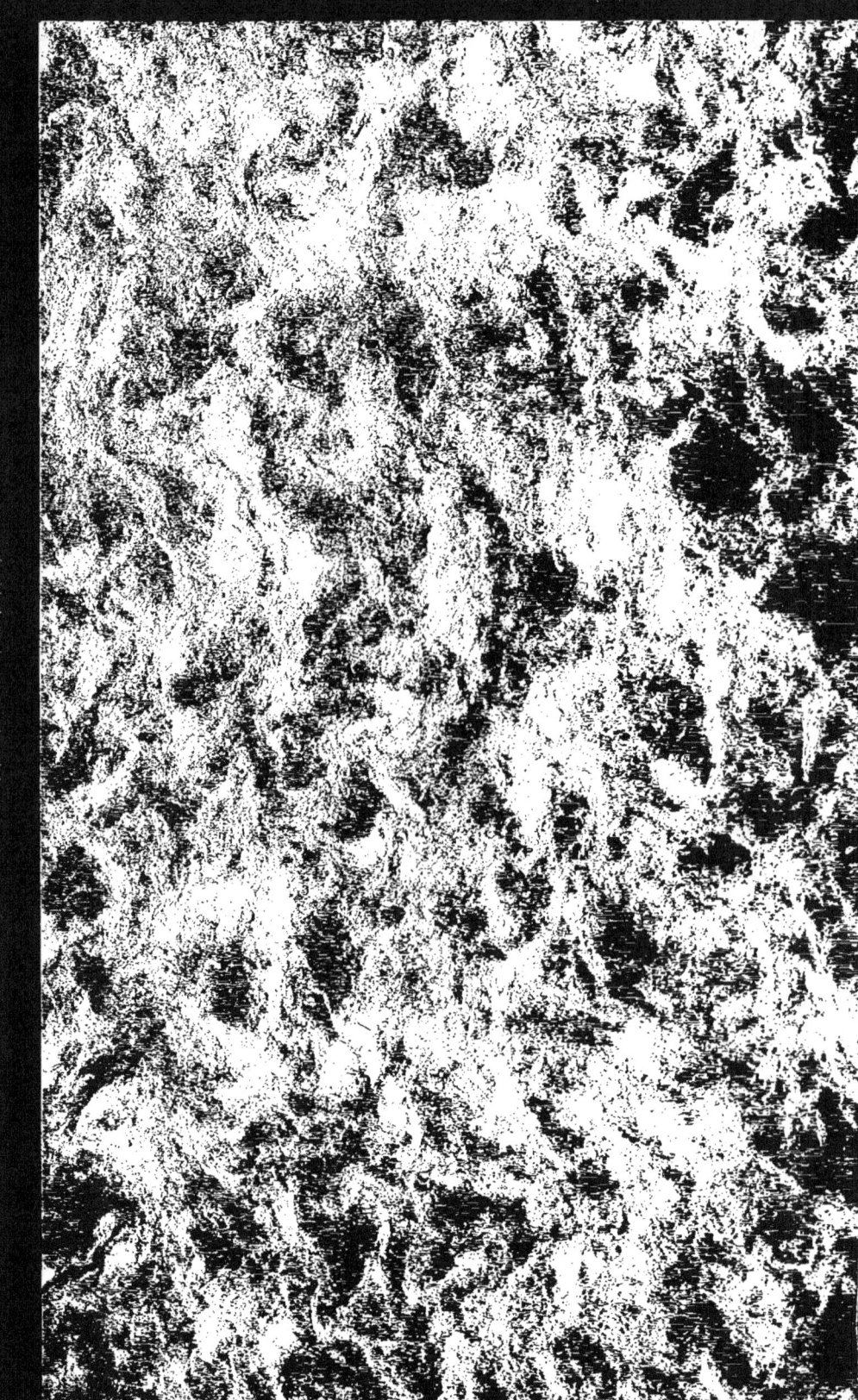

s Arts de l'Ameublement

La Verrerie

PARIS
LIBRAIRIE CH. DELAGRAVE

8° V
25146

LA VERRERIE

OUVRAGE PUBLIÉ SOUS LE HAUT PATRONAGE
DE L'ADMINISTRATION DES BEAUX-ARTS
ET HONORÉ DES SOUSCRIPTIONS
DU MINISTÈRE DE L'INSTRUCTION PUBLIQUE,
DE LA VILLE DE PARIS, DES CHAMBRES DE COMMERCE
DE PARIS, LYON, MARSEILLE, ETC.

LA VERRERIE

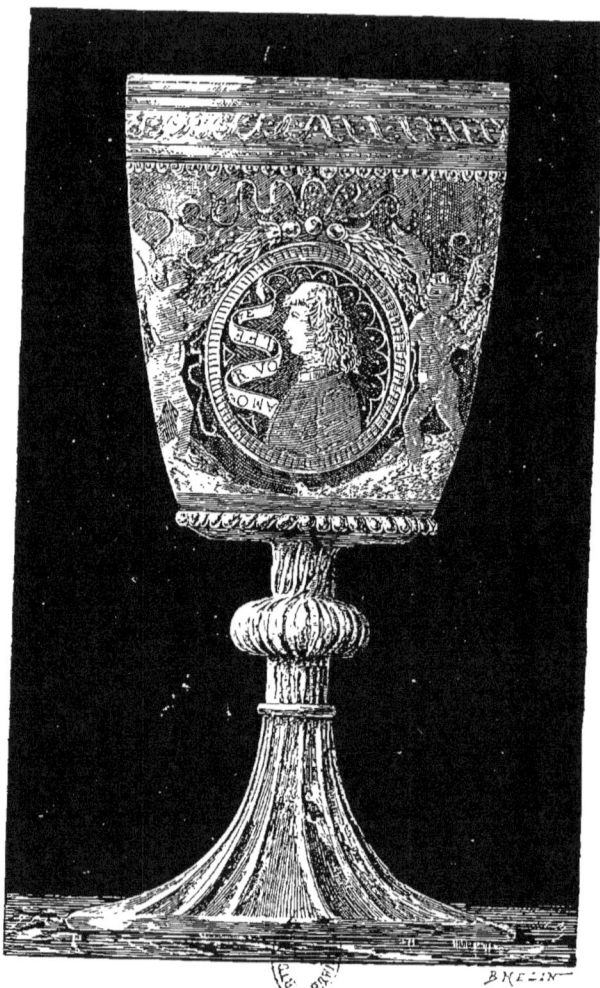

Fig. 1. — Verre de couleur émaillé et doré, fabrication vénitienne (XVIᵉ siècle).

LES ARTS DE L'AMEUBLEMENT

LA
VERRERIE

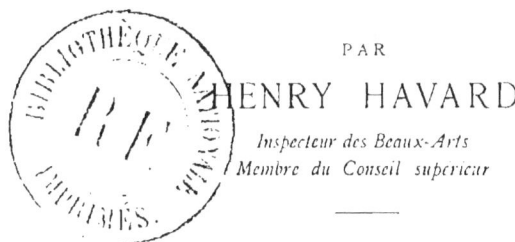

PAR

HENRY HAVARD

Inspecteur des Beaux-Arts
Membre du Conseil supérieur

CENT TRENTE ILLUSTRATIONS PAR B. MÉLIN

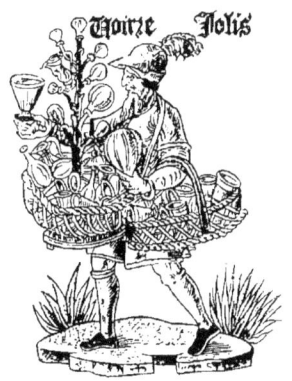

PARIS
LIBRAIRIE CHARLES DELAGRAVE
15, RUE SOUFFLOT, 15

Tous droits réservés

Il a été imprimé 100 exemplaires de cet ouvrage sur japon des manufactures impériales, numérotés et signés.

LA VERRERIE

PREMIÈRE PARTIE

FABRICATION

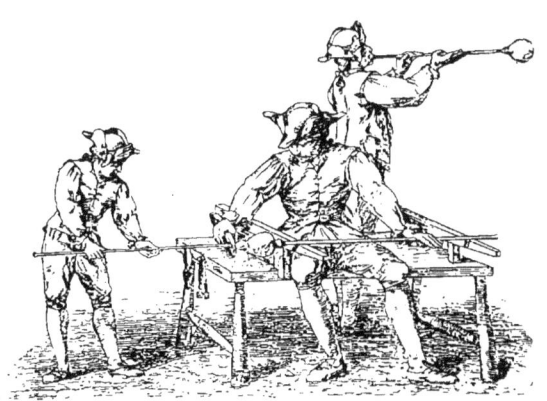

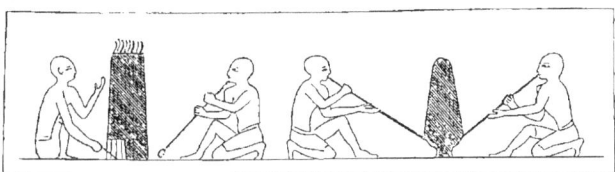

Fig. 4. — Un atelier de verrerie en Égypte, d'après les peintures de Beni-Hassan.

I

LE VERRE. — SON EXTRÊME UTILITÉ ET SES NOMBREUX SERVICES

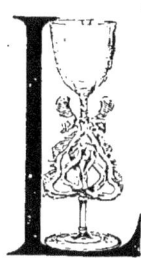'ART de fabriquer le verre n'est pas seulement un des arts les plus utiles et les plus merveilleux que l'homme ait pratiqués ; il est aussi fort ancien. Comme celle de la Céramique[1], son origine se perd dans la nuit des temps, et dès lors il devient singulièrement difficile de déterminer, non pas d'une manière certaine, mais simplement d'une façon probable, comment la découverte de cette belle et précieuse matière vint enrichir le patrimoine de l'Humanité.

Soit qu'on en attribue l'invention à Tubalcaïn, comme le fait Haudicquer de Blancourt dans son précieux livre[2], en s'appuyant sur ce fait, assez contestable du reste, qu'étant le premier « chimiste qui ait trouvé le moyen de fondre les métaux », il n'a pu éviter de réduire quelques minerais à l'état de verre, — soit qu'avec quelques savants on fasse découler la connaissance de cette matière, de l'action des

1. Voir CÉRAMIQUE, t. Ier et II, chap. Ier.
2. *De l'Art de la Verrerie;* Paris, chez Jean Jombert, 1697, p. 12.

feux souterrains, dont les mystérieuses opérations enfantent des vitrifications plus ou moins parfaites, et subséquemment des essais réitérés auxquels on ne manqua pas de se livrer pour produire, au moyen du feu, des masses transparentes identiques [1], — soit qu'on pense, avec Batissier [2], que « l'art de la vitrification a pris naissance en même temps que l'on a su cuire au four les briques et les poteries », — soit, enfin, qu'on admette, avec les historiens, que des marchands de nitre, longeant les rives d'un fleuve phénicien, le Bélus, aient employé quelques pains de leur marchandise pour caler leurs marmites et que, sous l'action du feu, ce nitre, s'alliant avec le sable de la rive, se soit transformé en une lave transparente, promptement rendue solide par le contact de l'air [3], — soit enfin qu'on donne la préférence à tout autre récit plus ou moins sujet à caution, encore est-il bien malaisé, sinon impossible, d'établir par quelle suite de merveilleuses expériences les générations succes-

---

1. Bastenaire-Daudenart, *l'Art de la vitrification*; discours préliminaire, VII.
2. *Histoire du verre et des vitraux peints*, publiée dans le *Cabinet de l'amateur*, t. II, p. 52.
3. Cette explication, dont Pline l'Ancien s'est fait l'éditeur dans son *Histoire naturelle* (lib. XXXVI), et qui trouva crédit auprès de Strabon, fut reprise par l'auteur des *Merveilles de nature*, avec cette variante que ce n'est plus sur les rives du Bélus, mais au pied du mont Carmel qu'aurait eu lieu cette première fabrication accidentelle du verre. « Le limon du lac Cendevia, au pied du mont Carmel, fut le premier qui servit au verre; car les mariniers descendus à la plage, ne treuvant de quoy faire un trippié à leur marmite, prindrent du Nitre dont estoit chargée leur nau avec du sable de la plage, et en faisant feu sous la marmite virent couler à gros brandon une noble liqueur, comme cristal glissant, ou pierreries fondües, ou argent liquéfié, d'où ils apprindrent à faire le Verre de sable et nitre mesléz ensemble. » (*Essay des merveilles de nature*, chap. XLIII.) Nous croyons inutile d'insister sur le peu de confiance que méritent ces récits divers dans leurs prémisses, mais conformes dans leurs détails essentiels et dans leurs conclusions. La vitrification d'une masse composée de sable et de nitre réclame une température de 1,000° au moins, et il n'est guère admissible qu'un feu de soupe, allumé en plein air, ait pu dégager une pareille chaleur.

sives sont parvenues à transformer ces vitrifications, informes au début, en vases, en bouteilles, en lames transparentes, et en tant d'autres objets qui devaient, par la suite, rendre à la civilisation un si grand nombre de services et de si précieux.

Il est peu de produits de l'industrie humaine, en effet, qui aient davantage émerveillé nos ancêtres, et avec plus de raison. Cardan, qui, cependant, n'est pas très facile à émouvoir, traite le verre de « grande merveille et œuvre d'artifice tel que sont les pierres précieuses naturelles [1] ». Le prédicateur René se demande avec admiration : « Qui est allé cacher dans le sein du sable et du gravier cette liqueur si esclatante, et ce beau thrésor de glace qui faict que dans l'eau gelée on boit le vin qui rit en se voyant enfermé dans le sein miraculeux de son ennemie mortelle [2] ?... »

L'habitude, le constant usage, émoussent notre curiosité et nous font regarder comme des choses simples et naturelles la plupart des découvertes que nous avons héritées. Une coupable indifférence nous empêche d'admirer le résultat de longs et patients efforts, poursuivis pendant des siècles. En outre, les merveilleuses inventions qui seront la gloire du XIXe siècle, la télégraphie, la téléphonie, ainsi que les diverses applications de la vapeur et de l'électricité, nous rendent insensibles aux dons des âges antérieurs. Mais, comme le remarque avec tant de sens et de raison M. Augustin Cochin [3], « puisque l'homme était contraint par les rigueurs de la nature de s'enfermer dans des maisons de pierre et de bois, quelle invention que celle d'une vitre mince, résistante et claire, qui laisse passer le jour en arrêtant le froid ou la chaleur, et semble ne nous garantir

1. *Les Livres de Hierosme Cardanus, médecin milannois, intitulés de la Subtilité et des subtiles inventions, traduits du latin en françois* par Richard Le Blanc (Paris, 1556), p. 150ª.
2. *Essay des merveilles de nature et des plus nobles artifices*, par *René François, prédicateur du Roy* (Rouen, 1622), ch. XLIII, p. 374.
3. *La Manufacture des glaces de Saint-Gobain*, p. 11.

de l'air que par une portion de cet air lui-même condensé et devenu solide ? Et puisque l'homme était organisé de manière à tout voir sans se voir lui-même, quel présent que cette feuille de verre sur une feuille de métal, qui ne fixe pas seulement, comme la plaque du photographe, l'image humaine immobile et grisâtre, mais la lui rend aussi bien que celle de la nature, avec la couleur, le mouvement, la changeante expression, l'ombre, la lumière, la perspective, aussi souvent qu'elle se présente ! »

Mais ce n'est pas uniquement sous forme de vitre ou de miroir que le verre rend à l'humanité d'inappréciables services, en participant à la décoration architecturale des palais, et en permettant à la plus humble mansarde d'avoir son rayon de soleil et son éclat de gaieté. Cette joie qu'il laisse filtrer dans la plus modeste demeure, se répercute jusque sur nos tables. Transformé en vases de toutes dimensions et de tout aspect, le verre y occupe une place d'honneur, et si bien justifiée, que son nom est devenu depuis des siècles synonyme du vase où l'on boit.

Et ce n'est point tout. A cette merveilleuse transparence qui nous laisse contempler les reflets ambrés ou rutilants de nos chers vins de France, à cette propreté, à cette imperméabilité qui permettent de l'employer pour contenir et conserver tous nos aliments solides ou liquides, s'ajoute la propriété de venir en aide à presque toutes les sciences qui, sans lui, n'auraient pu accomplir les admirables progrès que nous constatons.

L'Astronomie, la Physique, l'Optique, la Navigation, en un mot la plupart des connaissances abstraites et fécondes, grâce auxquelles nous avons pu décupler le champ de nos observations et pénétrer les mystérieux secrets que la Nature dérobait à nos sens, sont redevables au verre d'une partie de leurs moyens d'action. C'est lui qui a fourni à Jansen le microscope, à Newton le prisme, à Herschell le télescope, à Lavoisier l'éprouvette. C'est lui qui a permis de construire les premiers baromètres, les thermomètres et les machines pneumatiques, sans lesquels la physique n'aurait pu résoudre tant de problèmes surprenants. Sans lui il eût été impossible de recueillir et de conserver ces gaz impalpables et le plus souvent invisibles, ces acides corrodants et auxquels seuls il sait résister. Enfin il a même accompli des miracles, rendant l'usage de leurs yeux à ceux qui avaient presque cessé de voir.

Aussi la littérature et la poésie ont-elles prodigué à cette matière merveilleuse leurs constants hommages, et lui ont assigné, dans le langage des métaphores, une place tout exceptionnelle, que les grains de sable, les flots de la mer ou les étoiles du ciel peuvent seuls lui disputer. Depuis Salomon jusqu'à Corneille et Bossuet, en passant par saint Jean et par saint Paul, par le Dante et par Clément Marot, le verre a donné naissance à toute une série d'apophtegmes devenus classiques. Il n'est pas jusqu'au plus fâcheux de ses défauts qui n'ait fourni au poète de brillantes images. C'est Publius Syrus qui, le premier, écrivit :

Fortuna vitrea est; tum cum splendet frangitur;

ce que Godeau, et après lui Corneille, parlant eux aussi de la Fortune, ont traduit par ce distique si connu :

Et comme elle a l'éclat du verre,
Elle en a la fragilité.

Nous aurons occasion, dans la seconde partie de ce manuel, de reparler des origines obscures de cette précieuse substance. Pour le moment, l'important est moins de rechercher d'où nous vient la découverte du verre, que d'expliquer la manière dont il est fabriqué.

II

LA VERRERIE SOUS L'ANCIEN RÉGIME. — LES GENTILSHOMMES VERRIERS. — LEURS DEVOIRS ET LEURS PRIVILÈGES

Si les origines de l'art qui nous occupe sont restées mystérieuses, son existence et ses procédés de fabrication, pendant tout le Moyen Age et jusqu'à une époque relativement voisine de nous, semblent avoir été considérés par les gouvernements comme une sorte de secret d'État, dont la divulgation était regardée comme un malheur public. De là un luxe incroyable de précautions pour empêcher qu'aucun des affidés, en possession du fameux mystère, l'allât porter au dehors, et tout un arsenal de peines d'une rare sévérité, pour frapper le dépositaire fugitif ou infidèle. Quelques exemples vont montrer le caractère inexorable de cette législation draconienne.

De toutes les nations modernes qui pratiquèrent l'art de la verrerie, aucune n'acquit une réputation plus considérable, plus universelle et surtout plus durable, que la République de Venise. Formée par l'exode de quelques pêcheurs du littoral fuyant devant l'invasion, les premiers habitants de ces îlots incertains et mouvants, obligés d'emprunter au dehors tout ce qui était indispensable à leur subsistance, devinrent marins pour pouvoir vivre, commerçants parce qu'ils étaient marins, manufacturiers pour alimenter leur commerce; et pour protéger contre la concurrence ces manufactures indispensables à leur grandeur, ils n'hésitèrent pas à édicter toute une suite de lois et de règlements impitoyables.

Contraints de tirer leurs sables de Dalmatie, leurs bois des forêts de l'Albanie et de la Carinthie, leurs ouvriers de Turquie ou de Grèce, en un mot prenant tout au dehors, les Vénitiens prétendaient ne rien rendre de ce qu'ils avaient emprunté. Dès 1285, un arrêt du *Grand Conseil* prohibait la sortie des matières premières importées sur le sol de la République. Dix ans plus tard, cet arrêt était complété par une disposition nouvelle interdisant aux ouvriers de quitter la ville, sous peine de l'amende, du bannissement, de la mort. « Si quelque ouvrier ou artiste se transporte au dehors, dit l'article XXVI des statuts de l'*Inquisition d'État,* il lui sera envoyé l'ordre de revenir. S'il n'obéit pas, on se saisira des personnes qui lui touchent de près... Si, malgré l'emprisonnement de ses parents, il s'obstine à vouloir demeurer à l'étranger, on chargera quelque émissaire de le faire mourir [1]. » Des notes de dépenses retrouvées dans les papiers des inquisiteurs, montrent que ces menaces n'étaient pas vaines [2]. Bien mieux, dès l'année 1291 toute l'industrie verrière s'était vue reléguée, par une loi spéciale, dans l'île de Murano. Le prétexte de cette relégation était la crainte des incendies et la salubrité de la ville; le motif réel, une facilité plus grande pour exercer sur les ouvriers une surveillance de tous les instants, et mieux assurer la conservation des secrets, dont la divulgation était officiellement qualifiée de « scandaleuse et damnable ».

Hâtons-nous d'ajouter qu'en France, à certaines époques, les agissements de l'autorité ne furent guère moins

1. Daru, *Histoire de la république de Venise,* p. 90.
2. On a relevé dans les papiers des inquisiteurs d'État une pièce datée de 1754 et ainsi conçue : « Pris la résolution d'enlever du monde (*di togliere dal mundo*) Pietro de Vetor, fugitif, qui est à Vienne, et Antonio Vistosi, qui est à Florence. En conséquence, ordre est donné à *Messer-Grande* de trouver deux hommes propres à ce dessein (*atte a tale effetto*), et on lui a remis deux doses de poison. — 7 du même mois : étant trouvés par *Messer* les deux hommes dont il s'agit, à celui qui doit aller à Florence furent donnés pour son voyage, son séjour et son retour 80 sequins, à celui qui doit aller à Vienne 50. On a promis à l'un et à l'autre 100 sequins une fois la chose faite (*all' opera fatta*), et à chacun fut donnée la chose propre à enlever du monde lesdits hommes. »

tyranniques. A peine Colbert eut-il fondé, avec le concours d'ouvriers vénitiens, débauchés au péril de leur vie, sa fameuse *Compagnie royale des glaces*, que, pour retenir ces nouveaux collaborateurs, il employa les mêmes moyens. Effrayés par les menaces des inquisiteurs d'État et par les conséquences terribles qu'elles pouvaient avoir, ces malheureux désertent, reprennent le chemin de Venise. Mais ils sont rejoints à Lyon, arrêtés, enfermés au fort de Pierre-Scize (octobre 1665), et un arrêt leur renouvelle la défense de quitter la Manufacture sans un congé écrit et demandé deux ans avant l'époque où l'ouvrier prétend sortir. Cet arrêt interdit, en outre, aux maîtres verriers de recevoir les fugitifs, et ordonne, si on les a reçus, de les restituer, sous peine de 2,000 livres d'amende.

En 1713, un sieur de La Pommeraye détourne de Saint-Gobain un ouvrier habile nommé Claude Saaz, l'associe au sieur Mathieu de Vauchaux, propriétaire de la verrerie de la Boue, en Nivernais, et fonde avec eux une fabrique. La Compagnie a connaissance du fait, le dénonce; La Pommeraye, sa femme et Mathieu de Vauchaux, sont arrêtés et enfermés à la Bastille. Saaz est conduit au fort l'Évêque. On leur intente un procès. En 1716, c'est-à-dire après trois années de détention, un arrêt intervient qui condamne La Pommeraye à 3,000 livres de dommages-intérêts et 300 livres d'amende, de Vauchaux à 100 livres, et Claude Saaz à 1,000 livres de dommages-intérêts et 1,000 livres d'amende. Ajoutons que ce même La Pommeraye, vingt années plus tôt, étant directeur de Saint-Gobain, demandait que ses ouvriers fugitifs fussent condamnés aux galères.

En 1775, plusieurs ouvriers de Tour-la-Ville ayant été débauchés par la verrerie de Fère-en-Tardenois, ces ouvriers sont signalés par le sieur Deslandes à l'intendant Pelletier, qui, malgré le désaveu de Turgot, prend sur lui de faire enlever les déserteurs, et les fait enfermer dans les prisons de Soissons, où ils demeurent pendant plus d'une année.

En 1781, le comte de Vergennes, apprenant qu'un gentilhomme verrier, Le Vaillant de Plémont, a formé le projet de passer à l'étranger et a déterminé plusieurs autres gentilshommes à le suivre, le fait arrêter à Arras, et fait incarcérer avec lui Le Vaillant de Beauchay, son frère, Brossard de Saint-Germain et Louis Cossa. Plus tard, le principal coupable est transféré à Eu, et ensuite écroué au Mont-Saint-Michel[1].

Enfin, à la veille de la Révolution, le 22 avril 1785, sur le rapport de M. de Calonne, le Conseil d'État faisait « très expresses inhibitions et défenses à tous ouvriers, serviteurs, domestiques et autres employés dans les établissements de Saint-Gobain en Picardie, de Tour-la-Ville en Normandie, et dans le faubourg Saint-Antoine de la ville de Paris, sous peine d'amende, même de punition corporelle, de quitter leur service, sans congé écrit des intéressés... lequel congé ils seront tenus de demander deux ans avant leur sortie; leur fait défense Sa Majesté de s'éloigner de plus d'une lieue desdits établissements sans la permission de leurs commettants; à tous maîtres de verreries et autres de les recevoir à leur service, et dans le cas où ils les y eussent reçus, ordonne qu'ils seront tenus de les rendre à première réquisition, à peine de 3,000 livres d'amende et de tous despens, dommages et intérêts, même d'être procédé extraordinairement tant contre ceux qui auront quitté lesdites manufactures que contre ceux qui les auroient su bornés ou embauchés[2]... » Ne croirait-on pas relire un passage de la loi américaine relative aux esclaves fugitifs?

Eh bien! ce n'est pas tout. Pour préserver ces trop fameux secrets de toute divulgation, pour retenir les ouvriers à leur poste, pour empêcher les condamnables désertions,

---

1. Le Vaillant de La Fieffe, *les Verreries de la Normandie, les Gentilshommes et Artistes verriers normands*, p. 476.
2. *La Manufacture des glaces de Saint-Gobain*, par Augustin Cochin; pièces justificatives, p. 145 et suiv.

on ne s'était pas borné à forger tout un arsenal de lois redoutables et de règlements coercitifs; — on avait encore gratifié ceux qui pratiquaient ce rude métier de père en fils, de privilèges exceptionnels et singulièrement enviables.

Le plus important de ces privilèges était de pouvoir, étant noble, exercer la profession de verrier sans déroger. « Les ouvriers qui travaillent à ce bel et noble Art, écrit Haudicquer de Blancourt[1], sont tous Gentilshommes, et ils n'en reçoivent aucuns, qu'ils ne connoissent pour tels. Ils ont obtenu de grands et beaux Privilèges au sujet de cet Art, mais le principal est celui de faire travailler et travailler eux-mêmes sans déroger à leur Noblesse. » C'est ce privilège qui faisait dire avec raison à M. Guilmeth[2] : « Il n'existe vraisemblablement pas en France d'illustration commerciale plus ancienne que celle des gentilshommes verriers. »

Il ne faut pas croire, toutefois, comme on l'a dit et répété, « que les verriers étaient nobles en vertu de leur art ». La vérité est que l'exercice de cette industrie ne faisait pas déroger à la noblesse de race bien et dûment justifiée[3]. Ainsi, les familles normandes qui pratiquèrent la verrerie « étaient nobles avant que d'être attachées à cette profession[4] », et le privilège qu'elles exploitaient, s'il n'avait pas la puissance de transformer les roturiers en gentilshommes, présentait, par contre, l'avantage de centraliser et de monopoliser entre les mains d'un très petit

---

1. *L'Art de la verrerie*; 1697, p. 41 et suiv.
2. *Histoire de l'arrondissement de Neufchâtel.*
3. « C'est donc un préjugé et une erreur de croire, comme on l'entend encore répéter quelquefois, que, jusqu'à la Révolution de 1789, la concession d'un privilège de verrerie avait pour conséquence d'anoblir celui qui l'avait obtenu... Avant la fin du xvie siècle, l'anoblissement professionnel n'était plus reconnu par les parlements. » (*Nouvelle Étude sur la verrerie de Rouen*, par A. de Girancourt, p. 48.)
4. *Dictionnaire analytique de la coutume de Normandie*, t. III, p. 351.

nombre de familles, l'exploitation d'un métier particulièrement rémunérateur[1].

Indépendamment des avantages pécuniaires que le verrier trouvait dans l'exercice de sa profession, sa parenté plus ou moins éloignée avec le directeur de la verrerie et son titre de gentilhomme lui procuraient certaines autres douceurs. D'abord il était nourri et logé. Il avait ensuite le cidre à discrétion, et la quantité qu'il en absorbait dans son rude travail ne constituait pas une mince dépense. Toutes les heures, les petits tiseurs qui servaient les verriers criaient : « A boire pour ces Messieurs. » A souper, le gentilhomme verrier s'asseyait à la table du patron, qui le traitait plutôt en collaborateur qu'en subalterne. Pour ces soupers comme pour ses promenades du dimanche, notre gentilhomme revêtait un costume indiquant sa qualité ; il portait le chapeau brodé ou galonné d'or, ceignait l'épée et faisait ses visites à cheval. Son directeur, qui était tenu de le blanchir, devait aussi nourrir son cheval et son chien, qui étaient soignés par les domestiques de la maison. Enfin, il partageait presque toujours avec le chef de l'exploitation le privilège de pouvoir chasser dans les forêts qui entouraient la verrerie.

Étant données les mœurs du temps, c'étaient là des prérogatives rares et singulièrement recherchées. Nous avons

---

1. M. Le Vaillant de La Fieffe, descendant d'une des quatre familles privilégiées qui exploitèrent la verrerie en Normandie, a retrouvé le *Journal* d'un gentilhomme verrier, Le Vaillant de Charny. Ce *Journal* nous apprend que lorsque le sieur de Charny commença à travailler, à l'âge de dix-sept ans et demi, il gagna de suite 40 sols par jour comme « cueilleur » ; qu'à dix-huit ans et quatre mois, étant devenu « bossier », son salaire s'éleva à 50 sols ; qu'en 1748 (il avait par conséquent vingt-trois ans) il fut taxé à 3 livres 10 sols, à 4 livres en 1750, et à 4 livres 10 sols en 1751 ; enfin qu'à trente ans, étant devenu ouvrier, il toucha 6 livres par jour, plus 200 livres par an pour son vin, sans compter les autres avantages et prérogatives. Ramenées au pouvoir actuel de l'argent, ces diverses rétributions devraient être au moins quintuplées.

vu qu'elles ne suffisaient pas toujours à fixer les verriers ou à les retenir, et que parfois, pour prévenir leur désertion, on était obligé d'employer des moyens d'un autre ordre. Il semble donc qu'on serait en droit de conclure de ces avantages, aussi bien que des moyens coercitifs énoncés plus haut, que l'art de la verrerie constituait un de ces secrets inestimables, que l'on devait craindre, à tout instant, de voir s'oublier et se perdre.

Il n'en était rien. Dès l'Antiquité, Pline avait pris soin de révéler — et d'une façon suffisamment précise pour guider les curieux dans leurs recherches — la nature du verre et les principaux procédés employés pour sa fabrication. Grâce à lui, nous savons que de son temps on connaissait l'art de colorer le verre, de le souffler, de le travailler au tour et de le graver[1]. Au XIe siècle suivant les uns, suivant d'autres au XIIe siècle, un religieux, le moine Théophile, dans un livre extrêmement remarquable[2], décrit cette même fabrication avec une netteté et une abondance de détails donnant à penser que, lui-même, il avait, comme on dit vulgairement, « mis la main à la pâte ». Vers la même époque, un poète, Éraclius, célèbre les procédés de peinture et de dorure sur verre, employés par les Grecs et les Romains pour décorer leurs vases de prix[3] ; au XVIe siècle Georges Agricola[4], au XVIIe et au XVIIIe l'Italien Néri[5], — commenté par l'Anglais Merret[6], complété et traduit en allemand par Hunckel[7] et en français par d'Holbach[8] ; —

---

1. *Hist. nat.*, lib. XXXVI, c. xxv.
2. *Theophili presbyteri et monachi libri III, seu diversarum artium schedula*, publiés par le comte Charles de L'Escalopier ; Paris, 1843.
3. *De Coloribus et artibus Romanorum*, publié par Raspe dans son *Critical Essay on oil painting*.
4. *De Re metallicâ* ; Bâle, 1546.
5. *L'Arte vitraria distinta in libri sette* ; Florence, 1612.
6. Londres, 1662.
7. *Ars vitraria experimentalis oder Volkommene Glasmacher Kunst* ; Francfort et Leipzig, 1679.
8. *Art de la verrerie de Néri, Merret et Hunckel* ; Paris, 1752.

Haudicquer de Blancourt[1] et surtout Le Vieil[2] avaient achevé de faire la lumière sur cet art si curieux.

Ajoutons qu'à défaut même de ces ouvrages si détaillés, et précieux à tant de titres, le grand nombre de verreries qui ont couvert notre pays, aurait pu enlever toute crainte que le secret de ce bel art vînt à se perdre. On a donc quelque mal à comprendre ce luxe de précautions diverses, et l'on ne peut guère l'expliquer que par un état d'âme spécial, et dont les raisons nous échappent.

C'est en nous aidant des nombreuses publications que nous venons d'énumérer et de quelques autres plus récentes, mais d'un intérêt non moins grand, auxquelles les noms d'Alexandre Lenoir[3], de Bastenaire-Daudenart[4], de Brongniart[5], de Batissier[6], de Ferdinand de Lasteyrie[7], d'Augustin Cochin[8], de Deville[9], de Boudet[10], de Gerspach[11], de Girancourt[12], etc., restent attachés, et en contrôlant ces divers ouvrages par nos informations personnelles, que nous allons essayer de décrire aussi clairement et aussi rapidement qu'il nous sera possible, la fabrication du verre et ses principales applications.

1. *De l'art de la verrerie;* Paris, 1697.
2. *L'Art de la peinture sur verre et de la vitrerie;* Paris, 1774.
3. *Traité de la peinture sur verre;* Paris, s. d.
4. *L'Art de la vitrification;* Paris, 1825.
5. *Mémoire sur la peinture sur verre;* Paris, 1829.
6. *Histoire du verre et des vitraux peints;* Paris, 1843.
7. *Histoire de la peinture sur verre;* Paris, 1837.
8. *La Manufacture des glaces de Saint-Gobain.*
9. *Histoire de l'art de la verrerie dans l'antiquité;* Paris, 1873.
10. *Notice historique sur l'art de la verrerie né en Égypte.*
11. *L'Art de la verrerie;* Paris, 1880.
12. *Nouvelle Étude sur la verrerie de Rouen;* Rouen, 1886.

III

DES DIFFÉRENTES SORTES DE VERRE ET DE LEUR COMPOSITION

Dans son état de perfection, c'est-à-dire de pureté absolue, le verre est un corps transparent, incolore, insipide, d'une dureté exceptionnelle, susceptible d'un beau poli et d'une sonorité brillante et suffisamment agréable pour que l'on en ait fait des instruments de musique[1]. Son poids spécifique varie de 230 à 400, suivant la nature et la proportion des matières qui entrent dans sa composition. Peu de corps, par conséquent, offrent une densité moins fixe.

Ses principales propriétés consistent à laisser passer complètement la lumière, à retenir en partie la chaleur, à transmettre par réfraction les rayons lumineux, et à les réfléchir très exactement lorsqu'une de ses surfaces est recouverte d'une lame métallique opaque et brillante. L'air ni les liquides n'exercent sur lui aucune action; son imperméabilité le rend particulièrement propre à renfermer ces derniers, et permet qu'on l'emploie à recueillir et à conserver les gaz. Il résiste, en outre, à tous les acides, à l'exception de l'acide fluorhydrique. Légèrement frotté, il développe de l'électricité positive et attire à lui les corps légers. On voit que le verre se recommande par des qualités à la fois rares et nombreuses.

Son principal défaut réside, nous l'avons dit, dans une

---

1. Les plus connus de ces instruments sont les *harmonicas*. On attribue généralement leur invention à Franklin (1760). Le passage suivant du livre *De Subtilitate* de J. Cardan (1550) prouve que des instruments de ce genre existaient déjà aux premières années du xvi° siècle. « Du vitre, écrit notre auteur, sont faicts des instrumens de musique d'un son fort doux, et qui monstrent par leur beauté la pompe superbe du royaume humain. »

extrême fragilité, depuis longtemps proverbiale. Un choc un peu violent suffit à le réduire en une quantité de fragments, dont la cassure très nette présente des angles extrêmement coupants. Encore n'est-il cassant qu'à froid. Porté au rouge, il devient non seulement malléable, mais d'une ductilité extraordinaire. Il suffit d'un souffle pour modifier sa forme et pour étendre sa surface. On peut, de plus, le tirer en fils d'une telle ténuité qu'on en peut faire des aigrettes et même des tissus.

La théorie de la fabrication du verre est, comme tous les secrets de la Nature, à la fois extrêmement simple et merveilleuse. Les matières qui servent à cette fabrication se rencontrent partout. La silice, élément principal de sa composition, entre, presque en tous lieux, dans la constitution du sol. Le grès, le cristal de roche, les cailloux, le sable, sont de la silice. La chaux, qui joue également un rôle important dans la composition du verre, est plus répandue encore. On la retrouve jusque dans nos os, et les substances calcaires forment peut-être la moitié de l'enveloppe supérieure de la terre. La soude, enfin, qu'on a longtemps tirée de la combustion de certaines plantes marines, est, elle aussi, fort abondante, et s'obtient aujourd'hui par des moyens artificiels d'une grande simplicité. La potasse, qui peut tenir lieu de soude, n'est pas moins commune. On la rencontre dans toutes les cendres. Or, il suffit de faire fondre de la silice mélangée de potasse ou de soude, et de chaux pour obtenir le *verre à vitres* ou *à glaces*. S'il se trouve dans le mélange de l'oxyde de fer, on a du *verre à bouteilles ;* si l'oxyde de fer est remplacé par de l'oxyde de plomb, on a du *cristal,* et l'on peut produire de l'*émail* en substituant à l'oxyde de fer ou de plomb de l'oxyde d'étain.

Telle est la théorie de la fabrication du verre, dans son admirable simplicité. Dans la pratique, toutefois, les opérations sont un peu plus compliquées. Tout d'abord les matières sur lesquelles on opère sont rarement pures. La

Nature ne les livre que mélangées ou combinées avec d'autres substances, et le traitement préalable qu'on est obligé de leur faire subir a pour but, non seulement de les débarrasser des corps étrangers, mais encore d'obtenir ce résultat au meilleur marché possible. Nous n'entrerons pas dans le détail de ces premières opérations, qui relèvent surtout de la chimie. Nous nous bornerons à résumer dans le tableau ci-contre, en regard des principales sortes de verres qui sont d'un usage courant, le dosage approximatif des matières qui forment leur composition[1].

ÉLÉMENTS	VERRE à bouteilles.	VERRE à vitres.	VERRE à glaces.	VERRE à gobeleterie	CRISTAL	FLINT-GLASS.
Silice..........	53,55	69,65	73,85	69,40	56 »	42,50
Potasse.......	5,48	15,22	17,55	11,80	8,90	11,70
Soude	» »			» »	» »	» »
Chaux........	29,22	13,31	5,60	9,20	2,60	0,50
Protoxyde de manganèse...	» »	» »	» »	» »	» »	» »
Alumine........	6,01	1,82	3 »	9,60	» »	1,80
Oxyde de fer....	5,74	» »	» »	» »	» »	» »
— de plomb.	» »	» »	» »	» »	32,50	43,50

Pour que ces diverses matières arrivent à se combiner entre elles, et à constituer le verre, il faut qu'elles entrent en fusion. Lorsque cette fusion les a transformées en une

---

[1]. Les formules qui suivent résultent des analyses de M. Dumas. Il existe quantité d'autres formules à peu près semblables, fournies par d'autres chimistes éminents, notamment par MM. Berthier, Tassaert, Faraday, Peligot. On en trouvera le détail dans les livres spéciaux.

sorte de lave transparente, le premier mélange (verre à bouteilles) forme un *silicate de soude* ou *de potasse et de chaux, d'alumine et de fer ;*

Le second (verre à vitres), un *silicate de potasse ou de soude et de chaux ;*

Le troisième (verre à glaces, connu aussi dans le commerce sous le nom de verre de Bohême et de crown-glass, un *silicate de potasse et de chaux ;*

Le quatrième (verre à gobeleterie), un *silicate de potasse, de chaux et d'alumine ;*

Le cinquième (cristal ordinaire), un *silicate de potasse et de plomb ;*

Le sixième (flint-glass), un *silicate de plomb* plus riche en plomb que le précédent.

Tous ces verres, sauf le premier, sont incolores ou légèrement teintés de bleu verdâtre dans leur épaisseur. Mais on peut les teindre des couleurs les plus variées, soit en mélangeant dans leur masse, pendant qu'elle est en fusion, des silicates colorés ou des oxydes métalliques capables de résister au feu de verrerie et qui s'incorporent avec elle[1], soit en mêlant directement ces diverses matières, avant de les soumettre à l'action de la chaleur. Quant à la nuance si particulière du verre à bouteilles, qui, suivant sa composition, varie du vert foncé au marron, au roux et au noir, elle résulte de ce fait que, le prix de ces verres n'étant pas assez élevé pour qu'on puisse employer des alcalis à leur fabrication, on se sert de sables jaunes et ferrugineux, contenant, par conséquent, de l'oxyde de fer

---

[1]. La coloration blanche s'obtient à l'aide d'une petite quantité d'*acide stannique* ou d'*arséniate de plomb ;* la bleue, avec l'*oxyde de cobalt ;* les pourpres, violets et carmins, avec le *pourpre de Cassius,* le *protoxyde de cuivre* et le *protoxyde de manganèse ;* les rouges et les bruns, avec le *sesquioxyde de fer ;* les verts, avec le *deutoxyde de cuivre* et le *sesquioxyde de chrome ;* les jaunes, avec l'*oxyde d'urane* et le *chromate de plomb :* les noirs et les gris, avec des *oxydes de manganèse, de cobalt et de fer,* etc.

qui, avec les *charries* ou résidus du lessivage des soudes et des cendres, remplit le rôle de fondant.

Voilà à quoi se réduit ce grand mystère qui a fait la réputation et la fortune de Venise, de la Bohême, de Baccarat et de Saint-Gobain. Ces verres délicats de Murano, ces glaces qui donnèrent leur nom à la grande galerie de Versailles, ces cristaux qu'on a taillés à l'instar des pierres les plus précieuses, sont obtenus par la combinaison, par la fusion des matières les plus vulgaires et les plus répandues dans la Nature. « Si vous vous regardez dans la glace, en vous chauffant les pieds, écrit M. Augustin Cochin, dites-vous qu'on peut fabriquer la glace qui décore votre cheminée à l'aide de cette cheminée : les pierres fournissent la silice, les cendres la potasse, le marbre la chaux, et le feu est le seul agent mystérieux nécessaire à la métamorphose. » Nous allons voir maintenant comment agit ce mystérieux collaborateur.

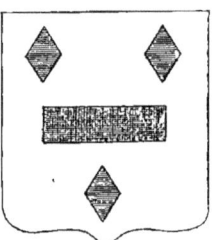

Fig. 6. — Armoiries de la corporation des verriers parisiens.

IV

CONSTRUCTION DES FOURS

S'il peut être considéré comme le grand collaborateur de l'homme dans la fabrication du verre, le feu, toutefois, ne fournit un concours vraiment efficace qu'à la condition d'être habilement conduit et gouverné avec une science particulière. De là un soin tout spécial apporté dans la construction des différents fours indispensables pour mener à bien les opérations successives par lesquelles passe la fabrication du verre. « On a vu, écrit Bastenaire-Daudenart[1], des manufacturiers se donner toutes les peines possibles pour tâcher de tirer parti d'un fourneau mal construit ; c'était en vain. Ils avaient beau faire du feu pendant des temps considérables, jamais ils ne pouvaient obtenir une vitrification complète ; enfin, après bien des travaux et des peines de toute espèce, ils se trouvaient encore obligés d'abandonner le fourneau et de le reconstruire sur un nouveau plan. Aussi rien n'est plus urgent dans l'art de la verrerie que de bâtir les fours dans des proportions convenables, afin d'éviter les désagréments de cette nature, qui, presque toujours, suffisent pour décourager un artiste, en lui faisant perdre ses capitaux. »

Ajoutons que le problème dont Bastenaire-Daudenart, avec sa compétence et son expérience bien connues, signale l'importance, a, de tout temps, préoccupé les verriers. Dans le livre II de son précieux *Essai des divers arts*[2], où il parle très longuement de la verrerie, le « prêtre et moine » Théophile, avant d'aborder toute autre question, commence par traiter de la construction du fourneau pour

---

1. *L'Art de la vitrification*, p. 52.
2. *Diversarum artium schedula*, p. 79.

faire le verre, *de Constructione furni ad operandum vitrum*. Et il ne se borne pas, dans ce premier chapitre, à fournir sur ce délicat sujet des notions générales. Il abonde en détails techniques sur les matériaux à employer, sur les dimensions que doit affecter la construction et sur les dispositions intérieures les plus propres à obtenir le maximum de calorique avec la moindre dépense. Quatre siècles plus tard, le savant minéralogiste G. Agricola[1] témoigne de préoccupations identiques, qu'on rencontre, au surplus, chez tous les auteurs anciens ou modernes qui ont traité de ce bel art de la verrerie.

On comprendra que nous ne suivions pas à travers les siècles les transformations et les progrès que l'expérience a réalisés ou qu'a dictés la science. Quelque intéressante qu'elle puisse paraître, une pareille étude sortirait du cadre étroit que nous nous sommes tracé. Nous nous bornerons à résumer d'une façon à la fois claire et succincte les diverses opérations auxquelles donne lieu la construction d'un four ordinaire de fusion.

La première chose à déterminer, quand on veut procéder à une construction de ce genre, c'est la forme générale du four. Dans le principe, on construisait ceux-ci carrés ou barlongs[2], mais l'expérience a démontré qu'un tourbillon de flamme circule et séjourne plus longtemps dans une capacité circulaire que dans un espace rectangulaire, où les angles tendent, pour ainsi dire, à l'absorber. Cette remarque a fait adopter exclusivement les fourneaux d'une forme ronde, et l'on a pu constater qu'il résultait de cette adoption une sérieuse économie de combustible[3].

---

1. Né en 1490, mort en 1566. — Voir son livre *De Re metallicâ*.
2. Le moine Théophile assigne à son four parfait 15 pieds de long sur 10 pieds de large.
3. Les fours décrits par Agricola, ceux qu'on trouve en usage au commencement du xviie siècle à Amsterdam, ainsi que « l'ancien fourneau à l'italienne », dont la représentation figure en tête de l'*Art de la verrerie* de Néri, affectent déjà la forme hémisphérique.

La seconde condition dont il faut se préoccuper est la grandeur du four. Celle-ci doit être proportionnée à l'im-

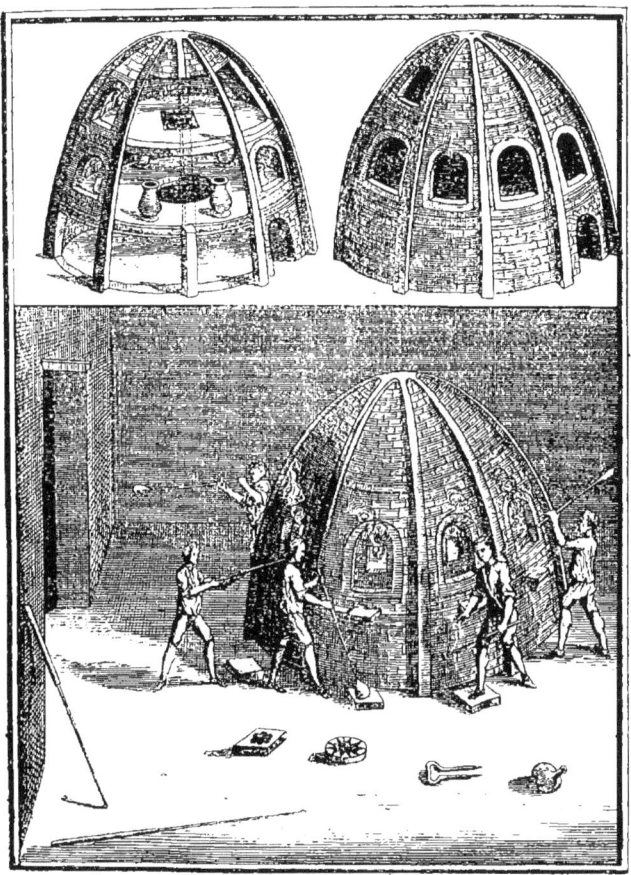

Fig. 7, 8 et 9. — Modèles de fours d'après Meret (XVIIᵉ siècle).

portance de la fabrication, mais sans dépasser, toutefois, certaines limites. Un grand fourneau, en effet, appelle la présence de vastes creusets qui, en raison même de leurs dimensions, contiennent une quantité considérable de matières vitrifiables. Or, au delà de certaines proportions, ces masses exigent, pour entrer en fusion, un degré très élevé de calorique, et le verrier ne parvient que très difficilement (surtout s'il s'agit de verres durs et alcalins) à obtenir une pâte suffisamment homogène pour produire du verre de bonne qualité.

On a donc soin, suivant l'importance de la manufacture, de donner au four un diamètre variant de $1^m,30$ à $2^m,60$. Cette dernière dimension, qui permet de pratiquer quatre *ouvreaux* sur chaque face et par conséquent de loger à l'intérieur du four huit creusets de $0^m,65$ de diamètre, a été jugée la plus favorable, parce que, grâce à elle, on peut obtenir, toutes proportions gardées, le plus de calorique avec le moins de combustible. Bastenaire-Daudenart[1] prétend même que la consommation d'un four de 2 mètres à $2^m,25$ est aussi considérable que celle d'un four de $2^m,60$.

Un troisième point qui doit préoccuper également le verrier, concerne les matériaux à employer pour la construction de son four; mais avant de traiter cette partie, il nous faut dire quelques mots de la disposition ordinairement adoptée. Cette disposition, assez compliquée, comporte plusieurs étages : en premier lieu, un étage souterrain bordé de murs épais de $0^m,75$ à $0^m,80$ et faits de grès durs et réfractaires. Cette *cave* (c'est le nom qu'on lui donne[2]) s'étend sous le foyer ou *tisard*. Elle compte généralement $2^m,50$ à 3 mètres de haut. Elle est voûtée à sa partie supérieure, en laissant, toutefois, dans le milieu du cintre, un espace libre occupé par les grilles.

A ses extrémités, la muraille de la *cave* est percée d'ouvertures livrant passage à l'air chargé d'alimenter le foyer, faisant ainsi fonction de soufflet et permettant, en outre, au tiseur (chaque fois que la grille du foyer se trouve obstruée) de la débarrasser des scories qui la bouchent.

1. *L'Art de la vitrification*, p. 54.
2. On l'appelle aussi *cave à braise*.

Au-dessus de la *cave* règne le foyer ou *tisard*. Celui-ci, en forme de couloir très allongé, plus étroit à ses extrémités qu'à son centre, s'étend sous toute la longueur du foyer de fusion, jouant un peu dans la construction le rôle de sous-sol. On l'établit, en effet, à $0^m,40$ ou $0^m,45$ en contre-bas, dans une direction parallèle à l'entrée de l'air dans la *cave*, afin que celui-ci, arrivant directement sous le foyer, active la combustion. On accède aux deux extrémités du *tisard* par deux *talus* ou chemins en pente aboutissant à des ouvertures par lesquelles le tiseur introduit le combustible, et la flamme, entraînée par le courant d'air, s'en va sortir par un *œil* pratiqué au centre de la voûte qui couronne le *tisard*. C'est par là qu'elle pénètre dans le four de fusion.

L'âtre du *tisard* est construit en grès très dur ou en briques faites de très bonne argile, très réfractaire. Il en est de même de la voûte et des *sièges* qui garnissent l'aire du four proprement dit. Quant aux grilles ou *cendriers*, elles se composent de cinq ou six barres de fer forgé, mesurant de $0^m,025$ à $0^m,030$ de côté, placées transversalement, fixées dans la maçonnerie, — on les appelle à cause de cela *barres de travers* ou *dormants*, — et de barres mobiles disposées en long. Quand on veut *dégager la grille*, c'est-à-dire faire tomber les *crayers*[1] qui s'attachent aux barreaux, on enlève ces dernières.

Au-dessus du foyer, et à peu près au niveau de l'aire, se trouve le troisième étage, constituant le four proprement dit. Nous avons expliqué plus haut que son plan doit être circulaire ; sa forme est hémisphérique et rappelle celle d'une coupole. De chaque côté s'élèvent deux plates-formes

---

1. On donne le nom de *crayer* ou de *mousse* à des résidus de charbon que la violence de la chaleur convertit en une sorte de vitrification en forme de croûte. Cette croûte, s'attachant aux barreaux, finirait, si on ne la faisait tomber, par obstruer la grille et, bouchant la prise d'air, empêcherait la combustion.

hautes d'environ 0^m,65. Ces plates-formes, auxquelles on donne le nom de *sièges,* sont séparées par un entre-deux plus large à sa partie supérieure qu'à sa base, et au milieu duquel se trouve l'*œil* du foyer.

C'est sur les *sièges* que sont déposés les *pots* ou *creusets,* et la flamme, pénétrant, comme nous l'avons dit, par l'*œil* du foyer, tourbillonne autour de ces derniers, et, avant de s'échapper avec la fumée par les *ouvreaux* et les *lunettes,* les enveloppe, lèche leurs parois et les amène à la température nécessaire pour maintenir les matières vitrifiables en ébullition. Sous le nom de *lunettes* et d'*ouvreaux,* on désigne des trous de dimensions variables, percés dans la calotte du four. Ces ouvertures ont une double utilité. Livrant une issue à la fumée et à la flamme, elles entretiennent ainsi la combustion. En outre, les *ouvreaux* servent au verrier pour cueillir avec le bout de sa canne la matière en fusion dont il va se servir.

On a donc soin de pratiquer ces dernières ouvertures de façon qu'elles coïncident avec la position occupée dans le four par les *pots* ou creusets, à 10 ou 15 centimètres au-dessus de ceux-ci. Ainsi, dans les verreries à bouteilles, où les creusets mesurent ordinairement 0^m,85 à 0^m,90 de haut, on perce les *ouvreaux* à 1 mètre ou 1^m,05 au-dessus des *sièges*. Quant à leur diamètre, il n'a rien de fixe. On le proportionne à la dimension des pièces qui sont de fabrication courante dans la verrerie. On en fait en outre de différentes tailles, de façon à permettre, suivant les besoins, d'exécuter de grands et de petits ouvrages. Toutefois, on les tient aussi étroits que possible, afin d'éviter le rayonnement de la chaleur qui vient frapper la figure du verrier lorsqu'il cueille le verre au bout de sa canne. Dans le même but, on établit entre les divers *ouvreaux* de petits murs de séparation, qu'on prolonge par l'adjonction d'une feuille de tôle. Leur but est de garantir le souffleur, pendant son travail, de la chaleur et de l'éblouissement que ne manquent pas de lui causer les rayons obliques projetés par les *ouvreaux* voisins.

Indépendamment des *ouvreaux* et des *lunettes,* le four est encore percé de portes par lesquelles on fait entrer et sortir les *pots,* et qui, au cours de l'ouvrage, sont hermétiquement fermées, et même maçonnées, pour empêcher toute déperdition de calorique.

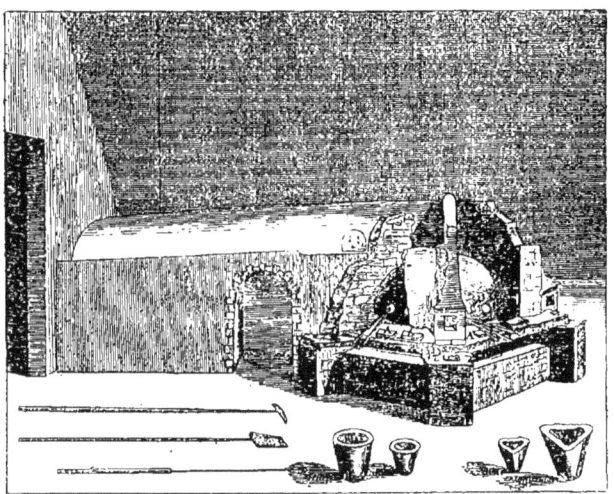

Fig. 10. — Four en usage à Amsterdam au XVIIIe siècle.

Immédiatement au-dessus des *ouvreaux* commence la voûte du four, à laquelle on donne le nom de *couronne.* Cette voûte, dans un certain nombre de fours, se termine par une espèce de lanterneau appelé *arche,* où s'emmagasine une partie de la chaleur et où l'on met recuire les pièces achevées.

Maintenant que nous voilà renseignés sur la structure du four de fusion, et sur la disposition de ses divers organes, sans revenir sur la construction de sa *cave,* de son *tisard,* de ses *sièges,* dont nous avons déjà parlé, voyons un peu de quelle façon on s'y prend pour construire ses parois extérieures.

Comme il importe que ce four présente la plus grande résistance au feu, on a recours pour son édification à l'argile, et l'on choisit la terre la plus réfractaire que l'on puisse trouver, donnant la préférence aux argiles d'une couleur gris clair, couleur qui indique l'absence presque complète du fer[1], à celles surtout qui sont très lisses au toucher et deviennent brillantes lorsqu'on les frotte même légèrement.

Les briques fabriquées dans la forme, l'épaisseur et les dimensions qui conviennent, avec cette terre mêlée de ciment dans certaines proportions, peuvent être employées de trois façons différentes, soit molles, soit séchées à l'air, soit cuites. On donne généralement la préférence aux briques séchées à l'air, qu'on a soin de frotter les unes contre les autres pour les user, et pour rendre ainsi leur adhérence plus grande. On *jointoye* ces briques à l'aide d'un *coulis* ou mortier obtenu avec la même terre réduite en poudre très fine et délayée dans de l'eau.

Lorsque les briques ont été bien frottées l'une contre l'autre, lorsque toutes leurs aspérités ont été usées, et qu'elles se joignent parfaitement, on verse le *coulis* entre elles, sur leurs grandes faces, et on les frappe avec le manche d'un marteau pour qu'étant extrêmement rapprochées, le joint chargé de les relier soit aussi mince que possible.

Une fois que la *couronne* a pris sa forme, on la revêt extérieurement d'une maçonnerie en briques communes ; ensuite on applique à l'entour une couche de terre mélangée de sable de $0^m,02$ à $0^m,03$ d'épaisseur. C'est ce qu'on appelle *habiller le four*. Enfin, pour consolider encore l'ouvrage, on maintient sa circonférence extérieure à l'aide de

---

1. Voir sur la composition des argiles notre volume sur la *Céramique* (fabrication, chap. II.)

forts bandages en fer, et on affermit les fondations avec une armature de même métal.

Le travail achevé, on abandonne le four à lui-même pendant quatre ou cinq mois, à moins qu'on ne soit pressé de s'en servir, auquel cas on a recours au séchage artificiel, opération rendue particulièrement délicate par ce fait que les murs mesurent de $0^m,60$ à $0^m,75$ d'épaisseur. Cette épaisseur est, en effet, indispensable pour retenir le calorique avec plus d'opiniâtreté, condition très importante, car le fourneau, conservant mieux sa chaleur, rend les manipulations plus faciles, en même temps qu'il absorbe une moindre quantité de combustible.

Pour opérer le séchage artificiel, on commence par allumer un feu doux en dehors du four, à trois ou quatre mètres de distance et dans la direction des tisards. Puis on rapproche progressivement ce feu des foyers, par où on le fait entrer, peu à peu et avec beaucoup de prudence, dans l'intérieur. Cette première opération dure environ quinze jours. Quand on s'aperçoit, en touchant les parois extérieures, que celles-ci commencent à s'échauffer, alors on augmente le feu de façon que, pendant huit jours environ, la flamme ne dépasse pas les sièges. Après ce temps on le pousse jusqu'à ce que la flamme sorte par les ouvreaux, puis, graduellement, on fait monter la chaleur jusqu'à sa plus haute intensité, c'est-à-dire jusqu'à douze mille degrés centigrades. Quand, après plusieurs jours de ce grand feu, on juge que la cuisson est parfaite, alors on laisse le four se refroidir. Cette suite d'opérations absorbe près de deux mois, et elle est si délicate, elle demande à être conduite avec tant de prudence pour éviter tous les accidents, que, une fois terminée, le plus fort de la besogne paraît accompli. Il semble que le reste doive venir tout seul.

Le four de fusion dont nous venons d'expliquer la construction est d'un modèle courant, ancien, classique en quelque sorte. C'est celui encore en usage, avec quelques modifications ou quelques appropriations spéciales, dans les verreries à bouteilles et à vitres de médiocre importance et chauffées au bois. Dans les verreries à houille, on substitue aux creusets ordinaires des *pots couverts* dont le col (appelé *gueule* en style technique) est pris dans une maçonnerie factice qui bouche en partie la baie des *ouvreaux*. De cette façon, la flamme ne pouvant plus sortir par ces ouvertures, le travail de l'ouvrier devient beaucoup moins pénible. Comme la *gueule* du pot n'occupe qu'une partie de l'ouvreau, on ménage dans la maçonnerie factice qui garnit celui-ci un certain espace, où on loge des *manchons* en terre réfractaire nommés *bocassins,* qui servent à faire chauffer les cannes.

Dans les verreries à glaces coulées, la construction et la disposition du four sont essentiellement différentes. La matière vitrifiable n'étant plus puisée au bout de la canne, il n'est pas besoin de pratiquer des ouvreaux dans l'enveloppe extérieure. Les chambres de chauffe dans lesquelles sont placés les creusets forment autant de compartiments isolés, et munis d'une porte qui livre passage au creuset quand on l'enlève afin d'opérer le coulage[1].

Rappelons encore que le four premièrement décrit est un four à pivettes, c'est-à-dire chauffé au bois. Or, depuis plus de soixante années, les fours chauffés à la houille, inventés par Dartigues, ont été adoptés dans la plupart des verreries importantes. Il en a été de même dans les fabriques de glaces. En 1829, on commença à Saint-Gobain à fondre à la houille; mais on affinait au bois après *tréjetage,* c'est-à-dire après un transport rapide. En 1850, le *tréjetage* fut supprimé, et Louis Gay-Lussac substitua complètement la houille au bois. Aujourd'hui on ne se sert plus dans ce bel établissement que du *four à gaz et à chaleur*

---

1. Voir chapitre XII.

régénérée, inventé par M. Siemens. Avec ce dernier système, le combustible gazeux est produit en dehors du four. Il se charge de chaleur en traversant une chambre garnie de briques antérieurement chauffées, et il atteint sa plus haute température dans le four lui-même, où l'on amène l'air avec lequel il se combine et brûle.

Indépendamment des fours de fusion dont nous venons de parler, on a recours dans les verreries à d'autres fours pour *fritter* les matières vitrifiables, et pour recuire les pièces achevées. Mais ces derniers sont loin d'avoir la même importance et de nécessiter les mêmes complications. Nous en parlerons dans notre prochain chapitre.

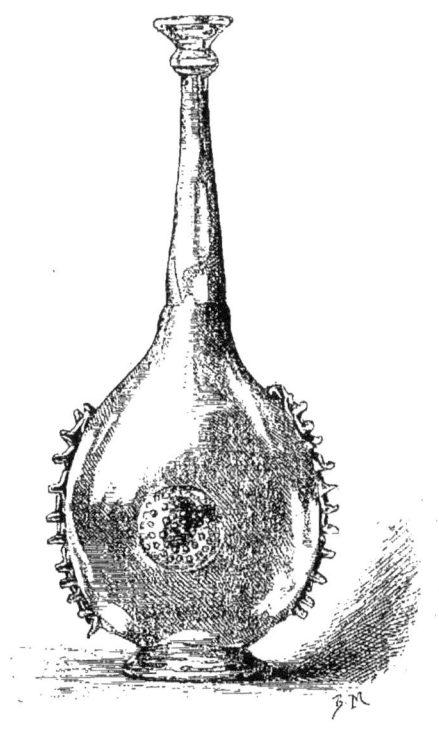

V

DES POTS OU CREUSETS

Si la construction des fours joue un rôle important, considérable, dans la fabrication du verre, la bonne qualité des pots ou creusets n'offre pas moins d'intérêt. « Les creusets, ou mieux leur fabrication, écrivent avec raison MM. Julia de Fontenelle et Malpeyre[1], sont une des bases fondamentales d'une verrerie. C'est, en effet, à leur bonté et à leur durée qu'est attachée en grande partie sa prospérité. » Il est donc indispensable que la terre dont ils sont faits soit de la meilleure qualité possible[2]. Il faut, en outre, qu'ils soient travaillés avec infiniment de précautions et de soins.

Il existe plusieurs manières de fabriquer ces pots ou creusets. La plus ancienne consiste à les exécuter à la main, avec des colombins de terre qu'on applique l'un sur l'autre, dont on forme d'abord le fond et dont on monte ensuite progressivement la circonférence. Les pots ainsi façonnés, si nous en croyons M. Bastenaire-Daudenart[3], sont particulièrement appréciables, parce que l'argile en est toujours

---

1. *Nouveau Manuel complet du verrier*, t. 1er, p. 178.
2. Le choix de cette argile, qui préoccupe avec raison les verriers, a été de tout temps jugé si important, qu'en 1826 la *Société d'encouragement pour l'industrie nationale* proposa un prix pour la fabrication de creusets réfractaires. Le programme de ce concours renferme des détails intéressants sur les conditions que doivent remplir ces creusets. Nous nous bornerons à rappeler ici que, pour leur fabrication, on doit choisir des argiles où la silice et l'alumine ne prédominent pas, et qui contiennent aussi peu que possible de chaux et d'oxyde de fer. Règle générale, plus il faut d'alcali pour vitrifier une argile, et plus elle est réfractaire. Chaptal désigne les argiles d'Abondant, de Forges-les-Eaux, de Tournai, de Saint-Yrieix, de Salavas (Ardèche), etc., comme étant particulièrement propres à la fabrication des pots de verrerie.
3. *L'Art de la vitrification*, p. 23.

plus compacte et plus serrée, et, comme conséquence, présente très peu de pores et de petites parties d'air interposées dans la masse, qualité très importante, qui les rend d'un usage meilleur et surtout plus durables.

Cette pratique est généralement adoptée dans les établissements considérables, et notamment dans les manufactures de glaces, où l'on emploie de très grands creusets. Mais

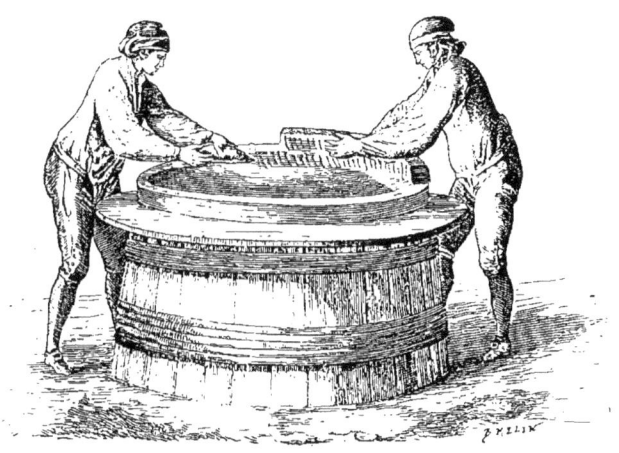

Fig. 12. — Ouvriers *montant* un pot ou creuset, d'après l'*Encyclopédie*.

on n'a pas toujours à sa disposition des ouvriers capables de monter à la main ces sortes de pots. Alors on a recours à des moules. On exécute un cylindre en bois dont la capacité intérieure corresponde à la circonférence extérieure du creuset. On garnit l'intérieur de ce cylindre avec une toile mouillée, sur laquelle on applique des colombins d'argile, que l'on joint ensemble, en les pétrissant et en les appuyant toujours fortement contre les parois du moule. Cela fait, on laisse reposer l'ouvrage pendant deux mois dans une pièce dite *chambre à pots,* dont la température, autant que possible, ne doit jamais descendre au-dessous de 10 à

12 degrés, ni monter au-dessus de 15 à 18, condition essentielle et qui faisait dire à un écrivain du siècle dernier que « le printemps est la meilleure saison pour faire les pots de verrerie; car en hiver il faut les garantir de la gelée... et en été la trop grande chaleur est sujette à les faire fendre ou fêler[1] ».

Quand la terre a acquis une dureté suffisante pour qu'on puisse retourner le pot sans risquer de le déformer, on renverse le moule, on l'enlève, on ôte la toile, on répare à la main les manques et les traces de soudure des colombins, et l'on fait sortir les bulles d'air qui forment comme de petites vessies à la surface du pot. Ensuite on enferme de nouveau les creusets dans une *chambre*, dont la température doit être élevée de 30 à 35 degrés. On les conserve là jusqu'au moment de les introduire dans les *arches*.

D'autres procédés existent encore, mais sont moins usités. Nous citerons notamment la fabrication au tour et la fabrication à la presse. Dans la fabrication au tour, le moule est remplacé par une espèce de mandrin appelé *noyau*, en bois, qu'on a soin d'enduire d'une épaisse couche d'huile. Ce *noyau* est placé sur un rondeau de bois évidé en son centre, qui lui-même est assis sur le tour. Ce dernier, mis en mouvement par une manivelle, marche avec une certaine lenteur, et l'ouvrier, prenant la terre à pleines mains, la projette avec force contre le *noyau*, en commençant toujours par le bas, c'est-à-dire par la partie qui, lorsque le pot sera retourné, formera le bord supérieur.

Une fois le *noyau* entièrement recouvert, et dès que l'argile a partout acquis l'épaisseur désirée, à l'aide d'un levier, on enlève le rondeau et tout ce qu'il supporte, on le place sur une espèce d'échelle ou de civière à claire-voie, permettant à l'air de passer entre ses barreaux; on le porte dans la *chambre à pots*, et on le laisse sécher pendant un

---

1. *Encyclopédie*, t. XVII, p. 105.

mois, au bout duquel on peut généralement ôter le creuset de dessus son noyau sans risquer de le déformer ou de le rompre.

Enfin on fabrique encore des creusets *à la presse.* C'est de tous les procédés le plus compliqué, mais il n'est pas certain que ce soit le meilleur. Pour former les pots par ce moyen, il faut d'abord établir un *noyau* en métal représentant l'intérieur du creuset, ensuite une *chape,* également en métal, figurant son périmètre extérieur, et en dernier lieu une machine à presser, suffisamment puissante pour faire pénétrer la terre dans l'espace demeuré libre entre le *noyau* et la *chape,* et pour lui donner une consistance telle que le creuset une fois formé puisse être enlevé et renversé sans danger sur une large bague.

Nous n'entrerons pas dans le détail des divers appareils qui ont été imaginés pour obtenir ce résultat. Notre but, en effet, n'est pas d'enseigner à nos lecteurs à fabriquer des creusets, mais uniquement de les initier d'une façon générale aux opérations préliminaires par lesquelles passe la fabrication du verre, parce que ces opérations exercent sur la bonne fabrication une influence considérable.

Une fois que les pots ont été façonnés avec tout le soin désirable et conservés pendant un certain temps dans la chambre qui leur est spécialement destinée, et dont la température, nous l'avons dit, doit être maintenue entre 30 et 35 degrés de chaleur, il s'agit d'achever de les rendre propres à un service actif. Pour cela, on les transporte dans des fours particuliers ayant un foyer indépendant de celui du four de fusion, et auxquels on donne le nom d'*arches.* On les dispose à une certaine distance les uns des autres, placés sur trois briques espacées de telle façon que la flamme puisse non seulement les envelopper, mais passer par-dessous et bien caresser le fond, qui, étant la partie la plus épaisse, se trouve généralement dans un état de dessiccation moins avancé que le reste. En outre, cette position permet de les dégager plus facilement quand on veut les reprendre.

Les pots étant mis à la place qu'ils doivent occuper, on commence à chauffer progressivement, non sans avoir eu le soin, toutefois, de maçonner la porte par où on les a fait entrer, en ne ménageant qu'un vide de $0^m,20$ à $0^m,25$ carré, destiné à laisser passer la fumée et à s'assurer de la façon dont les creusets se comportent. Mais comme, durant cette opération, que l'on nomme *attrempage*, il peut arriver qu'un ou plusieurs pots se fracturent, on a soin d'en enfourner toujours un nombre supérieur aux besoins immédiats.

Quand on juge que l'opération a assez duré, on ferme la bouche du foyer qui livrait passage aux jets de la flamme, et on laisse refroidir l'*arche*, sans que la température des pots descende, cependant, au-dessous de celle qu'ils vont trouver dans le four de fusion. Puis on enlève les creusets avec des outils appropriés à cette opération et, pendant leur trajet pour les porter au four de fusion, on les frappe avec un outil de fer nommé *cordeline*, dans le but de s'assurer qu'ils ne sont pas fêlés. Les tintements dénoncent-ils une fêlure, il faut s'abstenir de faire usage du pot endommagé. La perte qui, au cours du travail de la vitrification, pourrait résulter de son emploi serait, en effet, très supérieure à celle occasionnée par sa destruction immédiate. Ses débris, au surplus, ne sont pas perdus; ils seront utilisés. Pulvérisés avec soin, ils entrent dans les mélanges de terre qui servent à la confection des autres pots.

Quelque temps avant d'enfourner les creusets, on a soin de laisser tomber la chaleur du four de fusion. Cela fait, on détruit la maçonnerie qui bouchait la porte, et pendant que certains ouvriers enlèvent ce qui reste des pots hors de service, d'autres mettent les nouveaux creusets à la place qu'ils doivent occuper à portée des *ouvreaux*. Puis, quand les pots sont bien affermis sur les *sièges*, on referme le four et l'on recommence à donner de la chaleur, d'abord avec

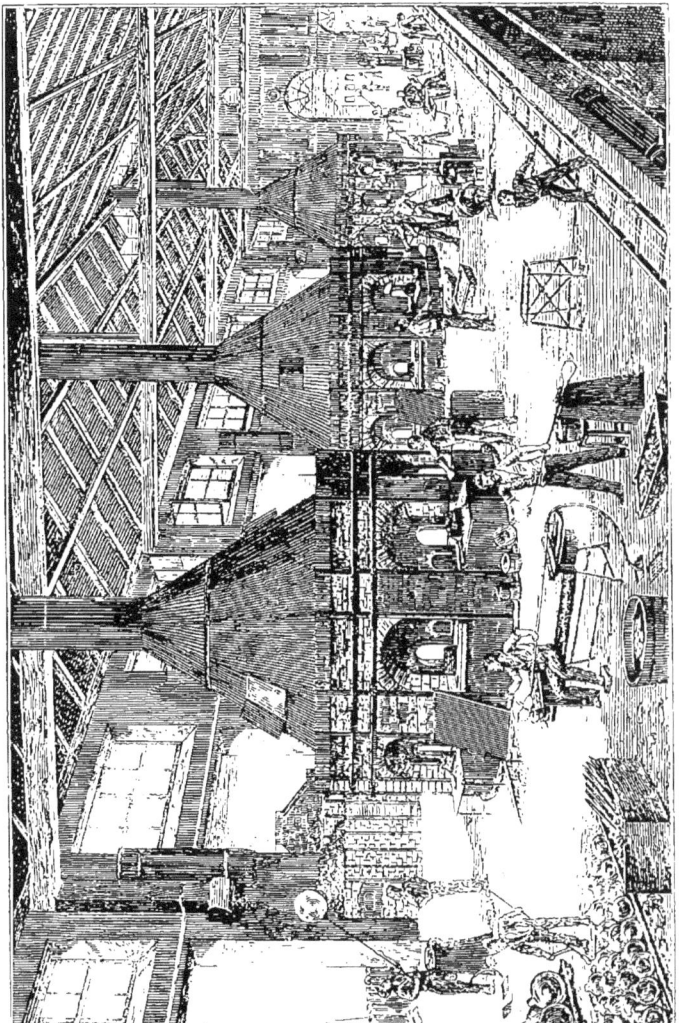

Fig. 13. — Intérieur d'une verrerie à gobeleterie.

beaucoup de ménagement, puis en augmentant graduellement, au point qu'après sept ou huit heures d'un feu continu, les pots sont amenés à la plus grande incandescence. C'est alors qu'on les remplit de matières vitrifiables.

Pour commencer, on ne leur confie que des *cassons* de verre ou du *calcin,* c'est-à-dire des débris de vitrification antérieure, réduits en poudre plus ou moins fine. De cette façon on *enverre* les creusets, et l'on empêche que leurs parois ne soient attaquées par les sels alcalins et les oxydes métalliques employés comme fondants. Ces sels ou ces oxydes — sans cette précaution — ne manqueraient pas de dissoudre une certaine quantité d'argile, qui, mêlée à la masse du verre, troublerait sa transparence et atténuerait sa beauté.

Ces diverses opérations comptent au nombre des plus pénibles qui soient dans le travail des verreries, à cause de l'intensité de la chaleur à laquelle les ouvriers sont exposés. Aussi s'efforce-t-on de les rendre aussi rapides que possible, mais sans qu'aucune négligence soit permise. C'est, en effet, de l'exacte observation des degrés de calorique que présentent les différents lieux où les pots sont placés successivement, que dépendent, en grande partie, leur réussite et leur long usage.

Avant d'en terminer avec cette partie de notre sujet qui regarde plus spécialement la technique générale du verre, il nous faut dire un mot des différentes sortes de fours annexées au four de fusion, et qui servent soit à calciner les matières premières, soit à recuire le verre lorsqu'il est achevé. — Ces fours, généralement désignés sous le nom d'*arches,* reçoivent parfois leur chaleur par des *lunettes* ouvrant sur le four principal. Suivant l'usage auquel on les destine, ils sont désignés sous les noms d'*arches cendrières, arches de cuisson, de recuisson, arches à refendre,* etc. Les *arches de cuisson* et *de recuisson* étaient autrefois placées à la partie supérieure du fourneau, tandis que les autres étaient presque toujours latérales. Ces dernières, dans les verreries à bouteilles et à vitres communes, servent aussi à l'opération du *frittage*[1]. Cette manipulation consiste à faire subir aux diverses matières qui sont employées dans la confection du verre, une calcination préparatoire, ou mieux à amener ces matières à un même point de calcination. L'importance du frittage se comprend aisément, surtout quand on utilise des substances de qualité grossière. Grâce à lui, les débris charbonneux qui se trouvent mélangés à la soude et qui ont échappé à l'incinération, se brûlent et se convertissent en cendres; une partie des substances hétérogènes alliées aux matières vitrifiables, se trouvent volatilisées, et le mélange intime et parfait de ces matières commence à se produire.

En outre, si l'on ne prenait cette précaution, et qu'on plaçât dans les pots — pour en opérer directement la fusion — les matières mélangées, mais non frittées, l'alcali ne manquerait pas de se séparer du sable, se liquéfierait et monterait, étant plus léger, à la surface du pot, sans effectuer la dissolution de la silice. Il attaquerait les creusets, en corroderait la surface intérieure. Pour arriver à rétablir le mélange, il faudrait recourir à une opération qui s'appelle le *brassage* du verre, et qui consiste à remuer vigoureusement le contenu des creusets et à faire revenir à la surface les matières tombées au fond. Or, le brassage présente deux grands inconvénients : celui de former des défauts et des nœuds dans le verre, et celui de lui faire prendre des teintes plus ou moins foncées, par suite des parcelles de fer ou de cuivre provenant des outils avec lesquels on exécute cette manipulation.

1. Les *arches à fritter* ne peuvent être contiguës au four de fusion et prendre leur chaleur par des lunettes que lorsque ce four est chauffé au bois. Lorsque le combustible employé est de la houille, comme la fumée dont la flamme est accompagnée ne manquerait pas de produire un fâcheux effet, pour opérer un bon frittage on construit un fourneau particulier, alimenté avec du bois.

Mais si l'on est en droit d'attendre les meilleurs résultats d'un bon frittage, celui-ci ne laisse pas que de réclamer une attention toute spéciale. Il faut, en effet, empêcher les matières qu'on expose au feu d'entrer en fusion, et pour cela on doit les retourner continuellement avec le *ringard*, prendre soin, en les retournant, que toutes leurs parties soient alternativement léchées par la flamme, et que la masse entière soit soumise également à l'action de la chaleur.

Quant aux *arches de recuisson* et à *refendre,* comme les services qu'elles sont appelées à rendre concernent uniquement le verre ayant déjà revêtu sa forme définitive, leur description trouvera sa place au chapitre VIII, et nous allons de suite aborder les différentes manières de travailler cette intéressante matière.

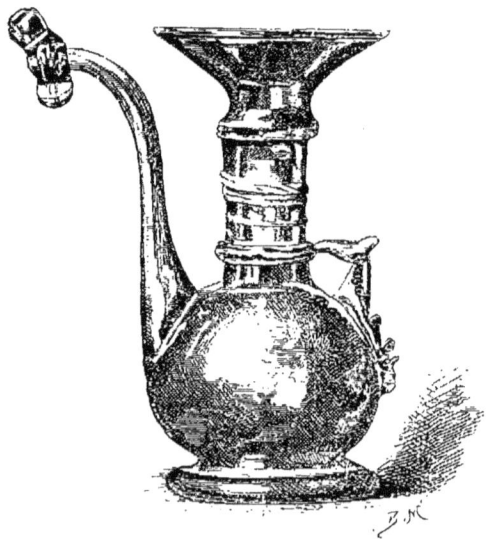

Fig. 14. — Aiguière en verre soufflé (XVIIe siècle).

VI

LES VERRES A VITRES

Si l'on a pu qualifier avec raison de merveilleuse, la découverte de cette lave transparente qui, solidifiée, prend tant de formes et rend à l'homme civilisé de si nombreux et de si grands services, que dire de la façon dont cette lave est mise en œuvre ? Car tout tient du prestige et de la magie dans cette fabrication.

Ne manquez pas de solliciter la permission de pénétrer dans une verrerie ; le spectacle le plus surprenant vous y attend. Après avoir traversé de grandes cours encombrées des objets les plus divers, vous pénétrez dans un immense hangar occupé par une suite de fourneaux circulaires dont la hotte crève la toiture (voir fig. 13). Les fours sont en pleine marche ; la flamme s'élève en tourbillons caressant les creusets, venant lécher les parois de la *couronne*, et par les *ouvreaux* s'échappe un rayonnement éblouissant, dont le brûlant éclat se fait sentir à dix mètres de distance.

Les ouvriers sont groupés autour de cette fournaise, qui semble devoir tout calciner, tout détruire, et qui va donner naissance aux objets les plus délicats et les plus fragiles. Un jeune homme, souvent un enfant, qui porte, dans les verreries, le nom à la fois traditionnel et caractéristique de *gamin*, et dans les cristalleries celui de *chauffeur de canne*, s'approche des ouvreaux muni d'un long tube de fer creux. Dès que cette *canne* est chaude, un autre ouvrier plus âgé, nommé le *grand garçon*[1], cueille avec son extrémité une petite quantité de la matière en fusion que ren-

---

1. Dans les verreries à bouteilles, cet ouvrier porte le nom de *grand gamin*.

ferment les creusets; il la tourne et la retourne sur une table de fonte[1] polie que l'on appelle le *marbre*[2]. Il l'arrondit ainsi par un mouvement lent et circulaire, et, quand il lui a donné la forme convenable, la reporte à l'ouvreau.

Cette opération préliminaire ne dure qu'un instant, car le verre, pour subir ces diverses transformations, doit conserver une malléabilité à laquelle le refroidissement met fin. Dès qu'elle est achevée, l'ouvrier par excellence, le *souffleur,* entre en scène. Il saisit à son tour la canne, approche l'extrémité libre de ses lèvres, et souffle d'abord légèrement, en laissant le poids du verre étirer la masse incandescente de façon à lui donner la forme d'une poire (voir fig. 15). Puis il balance sa canne et souffle de plus en plus fort, sans cesser d'imprimer au globe incandescent un mouvement de va-et-vient qui ressemble au balancement d'un pendule. Et sous l'action combinée de ce souffle et de ces oscillations, la poire s'enfle, grossit, s'allonge et revêt l'apparence d'un cylindre (*ibid*. 16 et 17). Alors l'ouvrier relève vivement l'extrémité de sa canne, lui imprimant au-dessus de sa tête un mouvement de rotation rapide, qui, par la vertu de la force centrifuge, allonge ce cylindre en même temps qu'il en régularise l'épaisseur (*ibid*. 18).

Rien ne peut donner une idée, quand on ne l'a pas vue, de cette manœuvre à la fois étonnante de simplicité et d'une ingéniosité incomparable, où chaque mouvement de l'ouvrier est combiné pour produire son effet, et qui, malgré la ponctualité en quelque sorte mathématique de ses évolutions successives, ne manque ni de plasticité ni même d'une certaine grâce.

Tout cela est encore l'affaire d'un instant. Mais, si rapide qu'ait été l'opération, elle a duré assez longtemps

---

1. Pour certaines fabrications, celle des bouteilles notamment, le *marbre* est en fer.
2. On appelle *marbrer* le verre, l'action de le rouler sur cette plaque de fonte polie pour régulariser sa forme cylindrique.

pour que la masse soit refroidie. Pour lui rendre le degré de calorique indispensable, le souffleur la reporte à l'ouvreau, la présente au feu de manière à en ramollir l'extrémité, puis, quand la température est redevenue suffisante, il perce ce fond avec une pointe de fer, forme ainsi une ouverture, qui s'agrandit sous l'action du balancement et qu'on

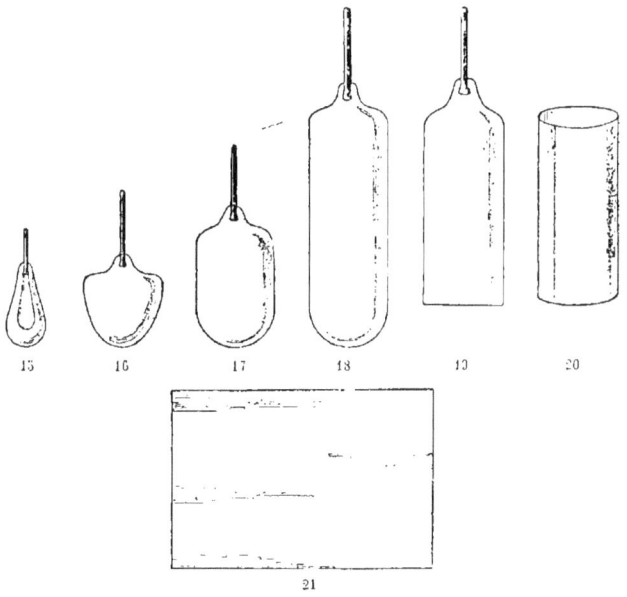

Fig. 15 à 21   Développement successif du cylindre destiné à produire une vitre.

pare ensuite avec une planchette de bois, désignée dans certaines verreries sous le nom générique de *fer,* écartant les bords de façon que la calotte qui terminait le cylindre se trouve effacée (*ibid.* 19). Celui-ci, du reste, ne tarde pas à devenir rigide. On le pose alors sur un chevalet; on détache avec un fer froid le nez de la canne; on enlève la calotte restante, et l'on se trouve en possession d'un manchon ouvert à ses deux bouts (*ibid.* 20), qu'on fend dans le sens de la longueur, en se servant d'une règle en bois et d'une pointe de diamant longuement emmanchée. Puis, cela fait, il ne reste plus qu'à rabattre les parois du cylindre, à les aplatir sur un plan bien horizontal, pour avoir une de ces belles vitres transparentes qui, laissant passer la lumière, tout en nous préservant du froid, sont devenues une des conditions indispensables de notre existence sociale[1] (*ibid*. 21).

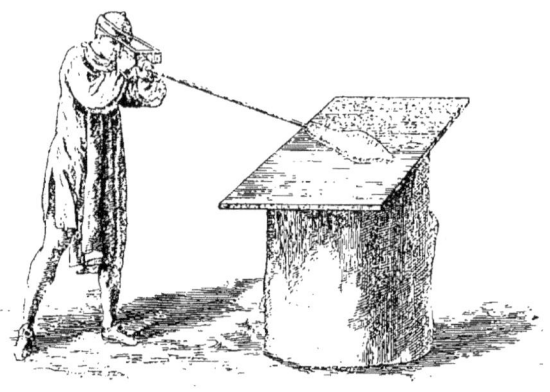

Fig. 22.

Jadis les *plats de verre* destinés à faire des vitres se fabriquaient d'une façon très différente. Après avoir roulé sur le marbre la masse de verre attachée au bout de sa canne, et lui avoir donné l'aspect d'une sorte de melon d'eau ou de calebasse (fig. 22), au lieu de s'efforcer de former un cylindre, le souffleur s'appliquait à produire une sphère aussi volumineuse que possible. Puis, ce premier résultat obtenu, il soudait une autre canne au côté opposé de la sphère, détachait celle-ci de façon à former une ou-

1. Cet aplatissage du cylindre s'opère dans un four spécial, nommé *four à étendre*, où le verre ramolli par la chaleur est amené au degré de planimétrie convenable, soit par des perches ou des rabots de bois manœuvrés par des ouvriers spéciaux, soit mécaniquement à l'aide de pierres tournantes, dont l'action produit un effet analogue.

verture, et, à l'aide d'un mouvement de rotation secondé par l'action d'un *fer* présenté par un jeune garçon, il agrandissait progressivement cette ouverture et arrivait à former un cône tronqué, assez semblable à une cloche à fromage (fig. 23). Pendant cette opération, le verre s'était naturellement durci. Le souffleur le reportait dans l'ouvreau, et, après l'avoir réchauffé fortement, il soumettait sa cloche à un mouvement de rotation extrêmement rapide,

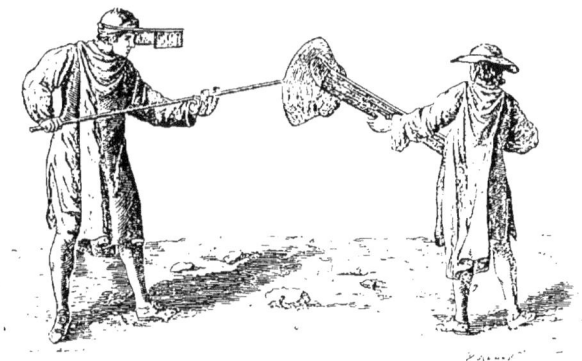

Fig. 23.

mouvement qu'il exécutait soit à bout de bras, soit en appuyant sa canne sur une barre de fer disposée horizontalement et portant le nom de *barbelle*. Sous l'action de ce mouvement rotatoire et par l'effet de la force centrifuge, la cloche s'ouvrait de plus en plus, s'aplatissait peu à peu, et finissait par former un large disque dont toutes les parties étaient d'une épaisseur à peu près égale (fig. 24). Tout en continuant de tourner sa canne, pour prévenir l'affaissement de la matière encore malléable, le souffleur déposait horizontalement sa feuille de verre sur une aire plate, couverte de cendres chaudes, la détachait, par un choc léger, de la canne demeurée adhérente, puis, quand elle avait acquis la consistance voulue, à l'aide d'une sorte de fourche, il la plaçait verticalement dans le four à recuire.

Il n'est pas besoin d'insister sur le résultat de ces deux manières de procéder, pour comprendre les avantages que le système nouveau présente sur l'ancien. Le milieu du *plat de verre* se trouvant gratifié d'un noyau très épais, appelé autrefois *boudine*, était inutilisable[1]. Il fallait donc débiter les vitres dans la partie comprise entre le centre et la circonférence, c'est-à-dire tailler des parallélogram-

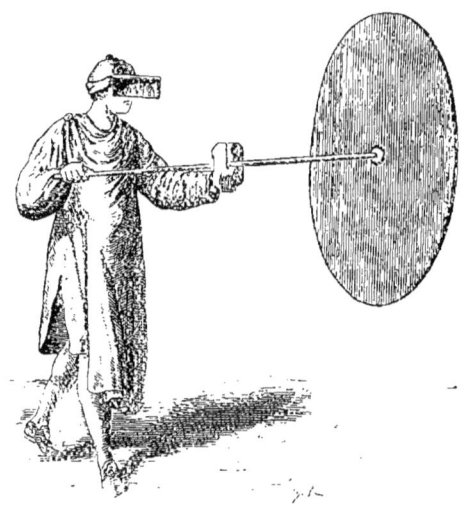

Fig. 24.

mes dans une surface circulaire. On voit de suite à quels déchets on était condamné ; sans compter que l'étendue des vitres se trouvait ainsi limitée, et que les *plats* les plus larges ne pouvaient guère fournir des carreaux mesurant plus de 0^m,30 sur 0^m,40 de côtés.

1. Par suite des ridicules préférences que quelques-uns de nos contemporains témoignent, dans les *Arts de l'ameublement*, pour tout ce qui paraît archaïque, un certain nombre de vitriers ont été amenés à utiliser de nos jours, et pour la plus grande joie des faux amateurs et des badauds, des *boudines* faites exprès, et en ont confectionné des vitraux assez coûteux. Il est difficile de pousser plus loin le *snobisme*.

La substitution du cylindre ouvert au ballon aplati constitue donc une amélioration considérable. Ce n'est pas la seule qu'on ait réalisée dans ce genre de travail. Une des plus importantes, au moins en théorie, c'est le remplacement des poumons humains, par des machines destinées à souffler le verre.

Ces machines (voir fig. 25) sont surtout employées pour la fabrication des pièces de très vastes dimensions, et qui exigent, par conséquent, un grand déploiement de souffle. La profession de *souffleur* étant une des plus pénibles qui soient dans nos *Arts de l'ameublement,* on ne saurait se montrer trop reconnaissant à l'égard des industriels qui n'hésitent pas à faire la dépense de machines souvent fort compliquées, et toujours fort coûteuses, pour éviter à leurs modestes collaborateurs une peine ou une fatigue.

Toutefois, il convient d'observer que, dans les verreries, ce qui rend surtout le métier rude, c'est la très haute température à laquelle les ouvriers sont soumis. Cette *cuisson* constante de l'homme exposé au rayonnement des ouvreaux, est plus cruelle encore que la dépense de souffle à laquelle il est condamné. L'émission de celui-ci ne réclame pas, en effet, un aussi grand effort qu'on pourrait le croire. Elle doit, au contraire, être conduite avec beaucoup de prudence ; car toute parcelle d'air envoyée par la canne se dilate avec une rapidité singulière, et triple de volume en pénétrant dans la masse incandescente. En respirant un peu fort, on risquerait de faire tout éclater. Aussi le souffleur a-t-il soin de ménager l'envoi de l'air, et, sauf pour les pièces qui, comme les bonbonnes, comportent une grande épaisseur de verre en même temps que des dimensions considérables, l'effort des poumons est à peu près nul. Encore, pour ces dernières, le souffleur a-t-il souvent recours à un petit subterfuge. Il prend un peu d'eau dans sa bouche, la projette par sa canne à l'intérieur de la masse vitreuse, et cette eau, instantanément transformée en vapeur, l'aide singulièrement à obtenir, sans grande dépense de force, la pression qu'il souhaite d'avoir.

Ce qui fatigue le verrier, nous l'avons dit, ce qui l'épuise, c'est la chaleur extrême des fours ; c'est aussi l'extraordinaire attention que réclame la confection de ces objets fragiles, dont l'exécution, quelque compliquée qu'elle soit, doit, par suite de l'état de la matière employée, être menée à bien en un temps strictement limité et avec une sûreté d'œil et une habileté de main d'autant plus grandes, que toute hésitation se traduit par une malfaçon irréparable.

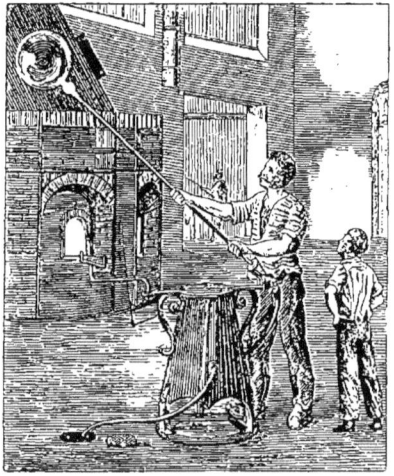

Fig. 25.

VII

LA GOBELETERIE. — BOUTEILLES. — FLACONS. VERRES A PIED.

Si nous avons commencé par décrire la fabrication de la verrerie à vitres, ce n'est pas que les opérations auxquelles elle donne lieu soient plus compliquées et plus difficiles que la plupart de celles auxquelles procède le souffleur; mais elles sont de celles qui surprennent le plus le visiteur étranger aux travaux de cette belle industrie, et qui font pénétrer le plus profondément dans son esprit cette impression de merveilleux qui s'attache à la fabrication du verre.

N'est-ce pas quelque chose de magique, en effet, de féerique, d'inattendu, que de voir sortir de la fournaise une boule de matière incandescente, et cette boule s'enfler sous le souffle d'un homme, grossir et s'allonger suivant les balancements rythmés de son corps, jusqu'à l'instant où elle finit par prendre une forme propice, qui lui permet de se transformer ensuite en une vitre brillante?

Et cette action elle-même du soufflage, si répandue qu'on la retrouve dans tous les pays, si vieille que les plus anciens documents qu'on possède nous montrent déjà les verriers armés de leur canne comme d'une baguette magique (voir fig. 4), ce soufflage n'a-t-il pas quelque chose d'incompréhensible, de troublant? Comment l'idée d'une opération pareille a-t-elle pu germer dans un cerveau humain? Et l'audacieuse action d'approcher de ses lèvres un tube dont l'autre extrémité porte une masse de lave incandescente, n'a-t-elle pas quelque chose de tellement génial qu'elle paraît surpasser la moyenne des conceptions humaines?

C'est surtout en présence de ces découvertes difficilement explicables, dont l'application première semble, par son caractère insolite, extraordinaire, sortir des limites de notre entendement, que l'on comprend pourquoi les Anciens ont assigné à ces grandes inventions une origine surhumaine, et leur ont attribué le caractère d'une révélation divine.

Si de la confection d'une vitre nous passons à celle d'une bouteille ou d'un flacon [1], nous verrons que le travail, dans les deux cas, présente de grandes analogies, et dans ses lignes principales reste à peu près le même. Pour activer la fabrication des bouteilles et pour rendre l'opération plus rapide, les ouvriers sont divisés en trois catégories, qui portent, comme dans les verreries à vitres, les noms à la fois étranges et caractéristiques de *gamins*, de *grands garçons* et de *maîtres ouvriers* ou *souffleurs*.

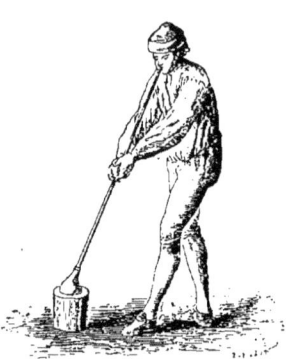

Fig. 26. — Verrier soufflant une bouteille dans la *mailloche*.

C'est le *gamin* qui commence. Il fait chauffer la canne. Quand elle est chaude, le *grand garçon* la saisit, l'approche de l'ouvreau et *cueille*, ordinairement en deux fois, la quantité de matière nécessaire. C'est ce qu'on appelle *parer* la canne; le premier *cueillage* prend le nom de *poste*, et le second celui de *paraison*. La *paraison* faite, le *grand garçon* roule le verre en fusion sur le marbre, l'arrondit en soufflant, de façon à lui donner la forme d'un œuf, aplatit le

---

1. Autrefois on distinguait la bouteille du flacon, en ce que la première se fermait avec un bouchon, le second avec une vis. C'est, du moins, la distinction que Rabelais et Tabourot des Accords font entre ces deux récipients. Aujourd'hui le mot flacon est employé généralement pour désigner toutes sortes de bouteilles de petites dimensions, faites en verre blanc ou de qualité supérieure.

fond et ébauche le goulot en tirant doucement à lui la canne. Durant cette action, quelque rapide qu'elle puisse être, le verre ne laisse pas que de s'être refroidi. Pour le ramollir, le *grand garçon* le présente de nouveau à la chaleur du four, et quand la matière est suffisamment réchauffée, il passe le tout au *maître ouvrier,* qui rectifie, en soufflant, ce que l'ébauche peut avoir d'irrégulier, l'amène progressivement à la taille et aux proportions convenables, l'introduit dans un moule ouvert à sa partie supérieure (fig. 26), et souffle en tournant jusqu'à ce que la matière ait exactement rempli la cavité intérieure et qu'elle en ait épousé la forme.

A peine ce résultat est-il obtenu, que la bouteille est retirée du moule, renversée le goulot en bas. Le maître ouvrier, à l'aide d'un outil de bois nommé *molette,* en creuse le fond, la roule sur le marbre pour en bien régulariser la panse, et, après l'avoir détachée de la canne, l'emboîte dans un appareil appelé *sabot,* présente le goulot à l'ouverture de l'*ouvreau* et, prenant de la main droite, avec un crochet de fer nommé *cordeline,* un peu de verre en fusion, il forme la bague qui garnit l'extrémité supérieure du col. Cette bague est ensuite terminée avec la pince d'enveloppe.

Telles sont, résumées et réduites à leurs points essentiels, les opérations principales qu'occasionne la fabrication d'une bouteille. La confection de tous les récipients du même genre est, en théorie au moins, à peu près identique. Ajoutons que pour les bouteilles de calibre spécial et de forme caractéristique, comme celles à madère, à rhum, etc., on a recours à des moulés plus compliqués, qui non seulement forment la panse de la bouteille, mais encore le *dôme* et le goulot. Ces moules perfectionnés s'ouvrent et se ferment avec une pédale, et permettent à l'ouvrier de conduire son travail avec une rapidité telle qu'il peut en une heure faire cent bouteilles et plus (fig. 27).

Enfin, comme pour le verre à vitre, on a construit, dans

certaines verreries à bouteilles, des appareils d'insufflation qui débarrassent le maître ouvrier de la fatigue du soufflage [1].

Malheureusement, il existe encore beaucoup de verreries où ces appareils perfectionnés, mais toujours fort coûteux, ne sont point en usage. Dans ces établissements, l'ouvrier travaille encore comme aux siècles derniers, façonnant son ouvrage au jugé, le roulant sur le marbre, n'ayant pour se guider que ses calibres, et sa *mailloche* pour arrondir la panse [2]. Cela ne l'empêche pas, toutefois, de fabriquer des pièces assez régulières de forme, de capacité identique et d'excellente qualité. Pendant bien des siècles, les *champenoises* destinées à recevoir les vins mousseux d'Ay et de Sillery n'ont pas été faites autrement ; et pour résister à une pression de vingt ou trente atmosphères, il ne suffit pas que ces récipients soient très épais, il faut encore que le souffleur donne à leurs diverses parois une égalité parfaite, de façon qu'aucune partie faible ne cède sous la pression du liquide et des gaz [3].

Les moules en métal, toujours coûteux à établir, ne sont indispensables, en effet, que pour les récipients, bouteilles, flacons ou carafes, présentant un galbe irrégulier, c'est-à-dire qui sont moulurés, godronnés, côtelés, ondulés, turbinés, décorés d'inscriptions ou de reliefs, ou pour ceux

---

1. On estime qu'en France, annuellement, on fabrique près de cent millions de bouteilles, dont le quart est destiné à l'exportation. La Champagne, à elle seule, exporte de dix à douze millions de bouteilles.
2. On donne, d'une façon générale, le nom de *mailloche* à un cube de bois évidé d'une façon hémisphérique, qui permet au verrier d'arrondir son ouvrage en le tournant à l'intérieur pendant qu'il le souffle. C'est ce qu'on appelle *maillocher* une pièce.
3. Malgré tout le soin qu'on apporte à la fabrication des bouteilles destinées à renfermer des vins mousseux, les accidents sont encore assez fréquents. Il est bien rare que lorsqu'on parcourt les caves d'un grand fabricant de vin de Champagne, on n'entende pas des détonations caractéristiques, indiquant qu'une ou plusieurs bouteilles viennent d'éclater. On comprend quelle perte ces explosions entraînent à leur suite.

dont la forme n'est ni cylindrique, ni ovoïde, ni sphérique. Encore dans beaucoup de cas se contente-t-on, pour l'exécution de ces pièces aux formes particulières, de moules en bois dont l'établissement nécessite peu de frais. Pour tous les autres ouvrages, et pour les plus délicats et les plus compliqués, tels que gobelets, verres à pied, coupes, etc., l'ouvrier (même dans les cristalleries les plus importantes) les exécute directement à la main et uniquement au jugé.

Rien n'est intéressant comme de suivre la fabrication d'un gobelet ou d'un verre. Le verrier installé à son banc, bordé de deux barres de fer disposées horizontalement et désignées sous le nom de *barbelles,* ayant à sa portée son *marbre,* ses ciseaux et ses

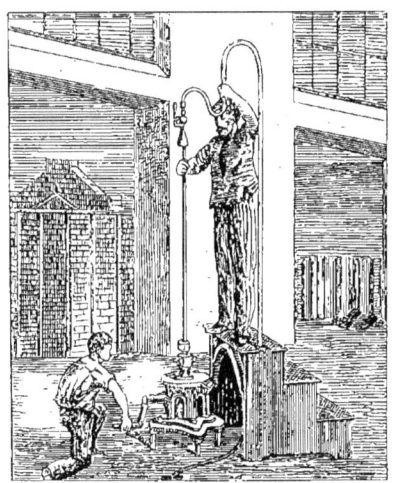

Fig. 27. — Verrier exécutant une bouteille au moule.

pinces (pince simple, pince à fleurs, pince à pointe, pince à coquille, etc.), ainsi que quelques autres outils qu'il appelle ses *fers,* quoiqu'ils soient souvent de bois[1]; le verrier, disons-nous, après avoir cueilli et paré la quantité de matière qui lui est nécessaire, la souffle, la *marbre* légèrement, en *carre* le fond avec un de ses fers, et, ayant donné à la pièce sa hauteur et son diamètre, la détache d'un coup sec et en coupe l'extrémité supérieure avec ses ciseaux. Tout cela avec une sûreté si grande que l'opération dure à

---

1. Ceux-ci sont qualifiés *fers à lames de bois.*

peine quarante secondes, et qu'en une heure un ouvrier expérimenté exécute une centaine de gobelets.

Au lieu d'un gobelet, est-ce un verre à pied que l'on entend fabriquer, l'ouvrier commencera par en exécuter le corps ou calice, absolument comme il vient de confectionner un gobelet, en ayant soin, toutefois, de donner à ce corps un galbe légèrement conique ; puis, lorsque le calice a reçu sa forme définitive, un jeune ouvrier qui porte le nom de *tendeur de pontil,* présente à l'extrémité d'une longue barre de fer[1] une petite partie de matière, qu'il soude au fond du calice. Le maître ouvrier, qui a soin de tenir celui-ci relevé de façon que la matière ne coule pas de côté, détache avec des ciseaux la quantité qui lui est nécessaire pour former la *jambe* du verre. Puis, plaçant sa canne sur les bardelles, il lui imprime un rapide mouvement de rotation, et pendant que la canne et le calice qu'elle porte tournent vivement, il saisit avec ses fers la matière encore molle et flexible, la soutient et la modèle en même temps, façonnant ainsi les moulures et profils qu'elle doit présenter. En un mot, il donne à la pièce sa forme générale, que la taille, si c'est un verre de prix, viendra plus tard perfectionner.

Une fois que la jambe terminée a pris, par le refroidissement, une consistance suffisante, le *tendeur de pontil* apporte une nouvelle quantité de matière, qu'il soude de la même façon à l'extrémité inférieure de la jambe, et, à l'aide d'une manœuvre analogue à celle que nous venons de décrire, le verrier, imprimant de sa main gauche un mouvement actif de va-et-vient à sa canne, aplatit de son autre main, armée d'un fer à lame de bois, la matière en fusion, et forme ainsi le pied qui complète son verre.

Il demeure entendu que tout autre appendice — anse, goulot, poignée, etc. — peut être greffé de la même manière

---

1. C'est cette barre de fer qui porte le nom de *pontil.*

sur le corps d'un vase. Ces curieuses et fragiles *ailettes* (fig.30) qui donnent aux anciens verres de Venise un aspect si étrangement pittoresque, parfois même fantastique, et qui les rendent si délicatement incommodes, ont dû être pour la plupart annexées au calice, à la jambe et au pied du verre par ce même procédé, et façonnées à la pince et à main levée par un verrier d'une habileté prodigieuse.

Il arrive aussi, fort souvent, que ces parties complémentaires sont exécutées à part, puis présentées à l'ouvreau et

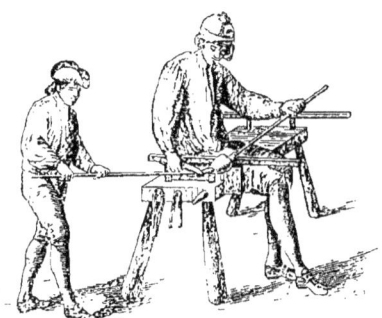

Fig. 28. — Verrier façonnant la jambe d'un verre à boire.

ensuite soudées au corps principal de la pièce. Les ouvrages de prix sont ordinairement obtenus de la sorte. Cela est indispensable surtout pour certaines aiguières légères, dont les anses doivent être creuses, afin de ne pas trop charger le corps du vase, qui est d'une extrême ténuité.

Ces parties creuses sont elles-mêmes façonnées à l'aide de tubes préalablement préparés ; et comme la confection des tubes en verre constitue une des opérations les plus curieuses auxquelles on procède dans les verreries, nous allons la décrire en quelques mots.

Là encore le travail débute, comme pour les divers objets que nous venons de passer en revue, par le *cueillage* au bout d'une canne, d'une *poste,* c'est-à-dire d'une masse plus ou moins grosse de matière en fusion. L'ouvrier, en soufflant, donne à cette matière la figure d'un ballon plus ou moins fort ; puis il la *marbre*, et le ballon s'allonge en forme de cylindre. Le maître retourne alors à l'ouvreau, recharge ce cylindre d'une *paraison* de nouvelle matière, qu'il roule également sur le marbre. Cela fait, un *petit garçon* arrive, armé d'un *pontil* qu'il a *formé* en le chargeant à sa partie supérieure d'une petite partie de matière en fusion. Il présente son *pontil* en le tenant droit ; le maître pose verticalement sur le *pontil* la base de son cylindre, et les deux pièces se trouvent ainsi soudées. Alors le *petit garçon*, inclinant son *pontil* sans secousse, commence à marcher à reculons ; puis, dès qu'il a fait trois ou quatre pas, se retourne, place le *pontil* sur son épaule et s'éloigne.

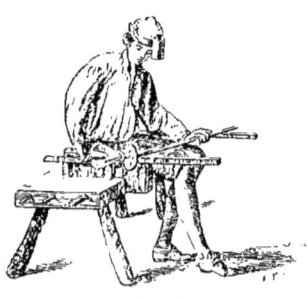

Fig. 29. — Verrier achevant un verre à boire.

Grâce à l'incomparable ductilité du verre, déjà refroidi, mais encore malléable, le cylindre, obéissant à la traction qu'il subit, s'allonge progressivement, et finit par constituer un tube de quinze ou vingt mètres de long, ne présentant que quelques millimètres de diamètre. Et, particularité curieuse, ce tube conserve à l'intérieur une cavité continue, qui jamais ne se bouche et reste toujours proportionnelle à son diamètre[1].

1. Cette faculté merveilleuse de s'allonger indéfiniment sans cesser de rester percé à l'intérieur ne connaît pour ainsi dire pas de limites. « Quand on étire un tube de verre creux, le trou se conserve, *quelle que soit la finesse du fil*. M. Deuchar a pris un morceau de tube de thermomètre dont le diamètre intérieur était très petit et l'a tiré en fils ; la roue dont il s'est servi avait 3 pieds de circonférence ; et comme elle faisait cinq cents tours par minute, on obtenait 30,000 mètres de fil par heure ; en sorte que le fil était d'une finesse extrême et que son diamètre intérieur était à peine calculable. Ce fil était creux ; car, étant coupé par morceaux d'un pouce et demi de longueur et placé sous le récipient d'une machine pneumatique, un bout

L'énorme développement du cylindre primitif, produit par cet allongement invraisemblable d'une matière si fragile, est posé doucement sur des lames de bois ou sur des pivettes, espacées de loin en loin; puis il est coupé et divisé en morceaux de longueur convenable qui sont mis à recuire dans l'arche.

Cette fabrication, d'une si précieuse utilité, — car ce sont les tubes de verre qui ont permis de construire d'une façon normale et peu coûteuse les baromètres et les thermomètres, — n'est pas la seule application qu'on ait faite de cette surprenante ductilité. Dès le XVIe siècle on l'avait utilisée pour décorer, à l'aide du *verre filé*, c'est-à-dire réduit à l'état de fil, les vases à boire, coupes, calices, aiguières, etc.

Venise excella dans ce genre de produits singulièrement délicats et médiocrement pratiques, et ces sortes de décorations étaient si prisées, que le célèbre banquier Fugger, recevant Charles-Quint à Augsbourg, ne crut pas pouvoir faire à son illustre visiteur un cadeau plus agréable, qu'une petite nef ornée en verre filé et tordu.

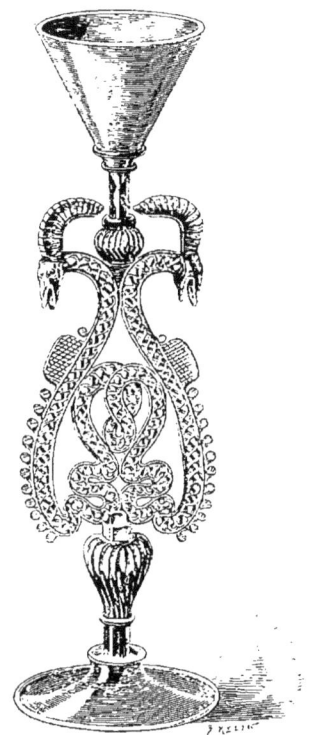

Fig. 30. — Verre à ailettes façonnées à la pince. (Fabrication vénitienne, XVIe siècle.)

en dedans, l'autre en dehors, il laissa passer le mercure en petits filets brillants lorsqu'on fit le vide. » (*Dictionnaire technologique des arts*, t. XXII, p. 216.)

Le verre filé qui servait à décorer ces menus ouvrages était obtenu dans le principe à l'aide d'un outillage bien rudimentaire, qui consistait en une petite lampe d'émailleur donnant un long jet de flamme, activé par un soufflet minuscule ou simplement par les poumons du *fileur*. Celui-ci présentait à l'action de la flamme l'extrémité d'un tube de verre blanc ou coloré. Dès que ce verre commençait à se ramollir, il le saisissait à l'aide d'une petite pince et, écartant les bras, il obtenait ainsi un fil d'une brassée de longueur.

De nos jours, cet attirail s'est un peu compliqué. Pour que la longueur du fil ne fût pas limitée à l'espace compris entre les bras étendus, on a fixé la pince à une roue de tôle. Chauffé au feu de la lampe et progressivement avancé pour qu'il continue de fournir la quantité de verre nécessaire, le tube cède peu à peu sa matière à la traction exercée par la roue, et le fil s'enroulant sur celle-ci n'a d'autres limites que la quantité de matière dont se compose le tube.

On a fait de nombreuses applications du verre filé, mais presque toujours plus curieuses qu'utiles et plus amusantes qu'artistiques. Pendant une cinquantaine d'années on a produit de la sorte une multitude de jouets et de bibelots d'étagère. Dès 1713 Réaumur prévoyait qu'on pourrait tisser des étoffes en fil de verre, et on l'a fait depuis. On en a aussi confectionné de brillantes aigrettes. Au *conservatoire des arts et métiers*, on peut voir, dans la salle consacrée à la verrerie, un lion dont le pelage et la crinière sont en verre filé. Mais ces expériences pour singulières qu'elles soient, ne sauraient nous retenir, et nous nous réservons de signaler, dans un prochain chapitre, d'autres applications plus artistiques que l'on a faites de l'étonnante ductilité des verres blancs et de couleur

VIII

DE LA TAILLE DU VERRE ET DU CRISTAL

Avant de quitter la fabrication de la gobeleterie, il convient de dire quelques mots des divers systèmes d'ornementation par lesquels on *perfectionne* la forme et la décoration des ouvrages qu'elle comporte.

Le plus usité actuellement est la *taille*. Nous racontons dans la seconde partie de ce livre comment, au XVIIe siècle, ce genre de travail fut substitué en Bohême à la peinture sur verre, si en honneur au siècle précédent. On trouvera à cette place (page 207) les noms des principaux artistes graveurs ou verriers auxquels revient l'honneur de cette révolution, qui transforma l'aspect et par suite l'esthétique, si l'on peut dire ainsi, de la verrerie de table.

Il ne faudrait pas conclure toutefois, de cette constatation, qu'avant les premières années du XVIIe siècle on n'avait jamais taillé le verre. Le merveilleux *Vase de Portland* dont on admire, au *British Museum*, les débris restaurés avec beaucoup d'art et d'habileté[1], suffirait à prouver le contraire. Ce vase fut trouvé vers le milieu du XVIe siè-

---

1. Lorsque le vase dit de Portland fut découvert, il était intact. Conservé d'abord au palais Barberini, où il se trouvait encore en 1770, il fut, cette année-là, acheté par un marchand anglais, qui le vendit à un grand collectionneur, sir William Hamilton, lequel le rétrocéda à la duchesse de Portland pour 1,800 guinées. Ce beau vase fut, en 1810, donné par les héritiers de la duchesse au Musée britannique. Il était exposé dans ce musée sous un globe de verre quand, le 7 février 1845, une espèce de fou nommé William Lloyd brisa méchamment le vase et son enveloppe à l'aide d'une pierre qu'il avait apportée. Lloyd, arrêté, fut traduit devant les tribunaux anglais, qui le condamnèrent à 3 livres (75 fr.) de dommages-intérêts vis-à-vis des *trustees* du muséum pour le bris du globe. Quant au vase, propriété de l'État, faute de précédents, on ne trouva pas de peine à appliquer au délinquant.

cle, à trois kilomètres de Rome, dans un sarcophage de marbre, qu'on a cru être celui de Septime Sévère, et qui était enfoui au Monte del Grano, sur la route de Frascati. Il atteste non seulement que les Anciens connaissaient la taille du verre, mais encore qu'ils ont atteint, dans ce genre de travail, à une perfection qui, nous le verrons bientôt, n'a pas été dépassée depuis.

Il aurait été extraordinaire, au surplus, que les graveurs romains, dont l'habileté dans le domaine de la glyptique est plus que prouvée par cette multitude de camées et d'intailles qui ornent nos collections publiques et privées, ne se fussent pas exercés à la décoration du verre. Pendant tout le Moyen Age, en outre, la taille du cristal de roche demeura très en honneur chez nous, et constitua la principale occupation des *cristalliers,* dont l'importante corporation remonte au moins au règne de saint Louis[1]. On sait encore que, jusqu'à la fin du xvııe siècle, la taille du cristal de roche continua d'être très régulièrement pratiquée dans toute l'Europe, non seulement pour la confection des pièces de vitrine ou de vases à boire, mais pour les pendeloques de lustres et de girandoles, qui, à partir du règne de Louis XIV, devinrent extrêmement à la mode.

On en peut donc conclure que l'innovation introduite par la Bohême, à la fois dans la décoration de la verrerie de table et dans la vitrerie[2], trouva de suite, dans les pays riches de l'Europe et en France notamment, une foule d'artistes capables d'en tirer tout le parti désirable. Mais il

---

1. Voir le *Livre des mestiers* d'Étienne Boileau. Le titre XXX, qui concerne cette profession, commence ainsi : « Cest titre parole des Cristeliers et des Pierriers de pierres nateureus. » Ce dernier adjectif laisse croire qu'on gravait aussi à cette époque des pierres artificielles, c'est-à-dire du verre.

2. Un des plus grands luxes que Marie de Médicis se soit permis, fut de faire vitrer le palais du Luxembourg avec des verres de Bohême, taillés en biseau et sertis dans des *plombs* d'argent. On peut voir encore à Versailles, dans la galerie des Glaces, un grand nombre de vitres qui sont également taillées en biseau.

nous faut laisser de côté ce qui regarde l'histoire de la taille du cristal, pour parler uniquement ici des opérations qu'elle nécessite et des phases successives qu'elle traverse.

La taille du verre et du cristal comporte trois opérations distinctes : l'*ébauchage,* le *taillage* ou *douci* et le *polissage.* Ces différents travaux s'exécutent à l'aide de roues montées sur un tour, et dont les dimensions ainsi que la matière varient suivant la nature du résultat qu'on entend obtenir. Contrairement à ce qui se passe dans les autres branches de la Verrerie, et du reste dans la plupart des *Arts de l'ameublement,* ici, c'est l'ouvrier le plus expérimenté, le plus adroit, qui commence l'ouvrage. C'est l'ouvrier le moins habile qui le finit. Cette particularité est facile à expliquer. De la correction de l'ébauche dépendent la régularité et la beauté du travail,

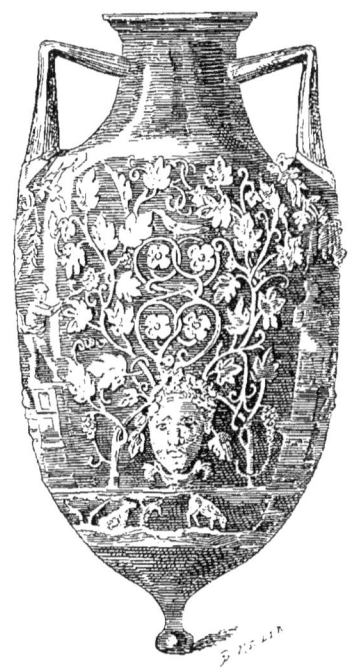

Fig. 31. — Vase antique en verre taillé.

et pour obtenir cette correction, une main exceptionnellement sûre et un œil particulièrement exercé sont d'autant plus indispensables, que le plus ordinairement les tailles sont exécutées au *jugé.*

Pour les pièces de grand luxe, pour les objets de haut prix, ou encore pour ceux qui exigent dans la confection de certaines de leurs parties une régularité en quelque sorte mathématique, l'ébaucheur, il est vrai, recourt à son compas. Après en avoir enduit les pointes avec du minium, il *compasse* ses distances et indique ses principales divisions. Mais pour les ouvrages courants, il s'en rapporte à l'appréciation de son œil, et l'on voit les ouvriers habiles tailler sur la roue, sans la moindre hésitation, les vingt-quatre *tables* qui transformeront un cube de cristal en pendeloque de lustre, ou les cent cinquante *facettes* qui donneront à un bouchon de carafe l'aspect d'un gros diamant. Et ce travail singulièrement délicat, attaqué sans établissement préalable de points de repère, se continue jusqu'à la fin de l'ébauche, c'est-à-dire jusqu'à ce que la pièce ait revêtu sa forme définitive, sans autre guide que la précision du coup d'œil et la rectitude d'estimation que donne une longue habitude.

Voilà pourquoi, dans chaque équipe, l'ébaucheur est toujours le chef de *place*[1].

C'est en présentant successivement les diverses faces de la pièce qu'il décore à la roue disposée devant lui, et en usant ces faces à leur contact, que cet artisan entame le verre et taille ses facettes. La roue dont on fait usage pour ce genre de travail est en acier ou en fonte. Elle est continuellement humectée par une coulée d'eau chargée de sable. Sa largeur est proportionnée à l'étendue de la pièce à tailler; elle varie de $0^m,50$ à $0^m,01$.

Quand le chef de place a terminé son travail et qu'il a fait tomber les parties appelées à disparaître, il passe la pièce au second ouvrier, qui perfectionne l'ébauche, régularise les tailles, avive les arêtes, enlève le *grain* laissé par la meule d'acier, et donne un premier poli, qui ramène la transparence. La roue dont se sert le nouvel opérateur

---

1. On donne le nom de *place* au groupe de trois ouvriers qui travaillent ensemble à l'exécution d'une pièce. Pour plus de régularité et de rapidité dans l'ouvrage, ces ouvriers sont, autant que possible, toujours les mêmes, et leur subordination à l'ébaucheur n'est jamais mise en discussion.

est en grès lisse; elle est également humectée d'eau, mais cette fois limpide et sans poussière. Quand cette partie du travail est terminée, le polisseur n'a plus qu'à rendre au verre ou au cristal son éclat caractéristique, ce qu'il fait en passant l'objet d'abord sur une meule de bois chargée de pierre ponce, et ensuite sur une meule de liège chargée de potée d'étain.

Ce mode de décoration, surtout quand il présente certaines complications (comme dans les verreries à très nombreuses et très saillantes facettes taillées en étoiles, dont le genre fut en honneur au commencement de ce siècle) (voir fig. 32), ne laisse pas que d'exiger une dépense considérable de soins, de temps et subséquemment d'argent. Aussi s'est-on appliqué à faciliter le travail des chefs de place, et à le rendre à la fois moins fatigant et plus rapide.

Autrefois les divers tours dont les tailleurs font usage, étaient construits à pédales. Ils étaient par conséquent mis en mouvement par l'ouvrier lui-même, qui, assis sur un banc élevé et le pied droit posé sur la pédale, ajoutait à la fatigue de ses mains celle de sa jambe continuellement agitée. Les verriers de Bohême songèrent les premiers à utiliser la force motrice de leurs chutes d'eau, pour délivrer leurs tailleurs de cette pénible sujétion. Chez nous, dans les cristalleries importantes, c'est la vapeur qui, aujourd'hui, fait tourner les roues du chef de place et de ses subordonnés.

Ce n'est point, au surplus, la seule amélioration qu'on ait apportée dans la taille du cristal. Dans quelques verreries étrangères, en Saxe, à Chemnitz notamment, pour l'ébauche des pièces importantes, on a substitué aux roues ordinaires des disques d'acier anglais très fortement trempé, mesurant de $0^m,015$ à $0^m,025$ de diamètre et dont la tranche, couverte de poussière de diamant, entame le cristal au lieu de l'user, et permet d'activer le travail d'une façon singulière.

Mais que l'ébauche soit faite à la meule humectée de grès, ou à l'aide de disques enduits de poussière de diamant, la quantité de matière à enlever reste la même, et dans certains ouvrages elle est considérable. Aussi pour les articles qu'on tient à produire à bon marché et à établir commercialement, s'efforce-t-on de donner de suite aux pièces une forme se rapprochant, autant que possible, de celle qu'elles sont appelées à revêtir une fois taillées.

Cette préparation s'obtient à l'aide de moules en cuivre, dans lesquels la matière est comprimée par une pompe à pression qui, du nom de son inventeur, a pris le nom de *pompe Robinet*[1]. On confectionne ainsi des pièces ébauchées, sur les diverses faces desquelles il suffit de revenir par une taille rapide, qui corrige les profils demeurés trop mous, avive les arêtes, enlève les bavures et donne aux surfaces leur poli final. Dans la verrerie très commune, pour éviter toute dépense nouvelle, on laisse même les facettes telles que le moule les a formées.

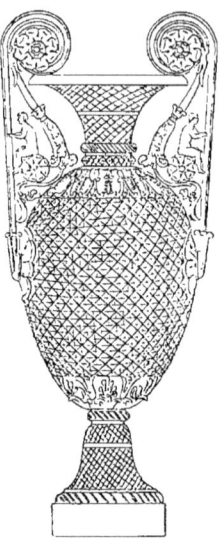

Fig. 32. — Vase en cristal taillé à facettes, exposé par Mme Désarnaud en 1819.

Enfin, depuis une vingtaine d'années, un mécanicien éminent, M. Jaubert, s'est efforcé de substituer au travail direct du tailleur de verres et de cristaux, des machines automatiques remplissant le même rôle. Ces machines, qui reçurent l'approbation du jury de la clase XIX à l'Expo-

1. Cet appareil fut imaginé en 1821 par M. Robinet, employé de la cristallerie de Baccarat, à qui l'Académie des sciences décerna en 1832 un prix de 8,000 fr. Le modèle de cet appareil est exposé au Conservatoire des arts et métiers. C'est l'invention de Robinet qui inspira à MM. Appert, de Clichy, l'idée d'appliquer, en 1883, l'appareil à injecter l'air qui a remplacé, dans certaines usines, le soufflage direct.

sition de 1878[1], peuvent assurément rendre de réels services à l'industrie verrière, quand il s'agit uniquement de tailles simples, de celles qu'on appelle *côtes plates*. Mais pour les pièces soignées ou pour les ouvrages de forme exceptionnelle, elles ne sauraient remplacer le tailleur

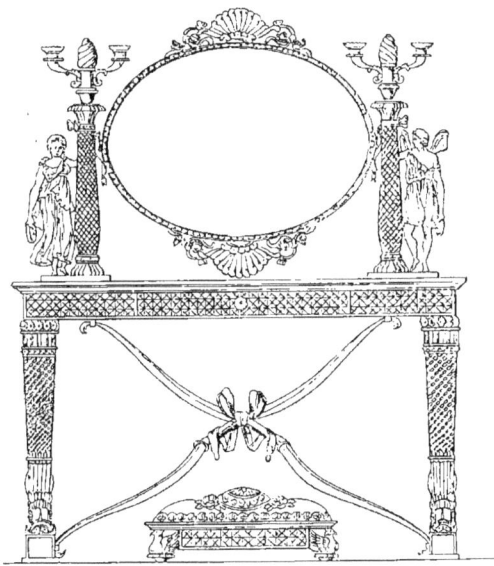

Fig. 33. — Toilette dite de la reine d'Espagne, en cristal taillé.

habile, qui souvent se double d'un artiste très méritant. A l'aide de la taille on a exécuté, en effet, en ce siècle, des ouvrages d'une indiscutable beauté et, qui plus est, d'une importance considérable et assurément exagérée. Indépendamment du débordement de cristal taillé qui fut si fort à la mode sous la Restauration et le règne de Louis-Philippe (car à cette époque on prodigua un peu partout les vases hérissés de facettes), on alla jusqu'à fabriquer

1. *Rapport du jury international*, groupe III, cl. XIX, *les Cristaux et la Verrerie*, par MM. Didron et Clémandot, p. 24.

dans cette fragile matière des candélabres, des pendules, des sièges et des tables de toilette[1]. Bien mieux, en 1878, Baccarat exposa un petit temple en cristal taillé, soutenu par un double rang de colonnes. Mais ces tours de force, quelque curieux, quelque surprenants même qu'ils puissent paraître, n'offrent qu'un intérêt secondaire. L'art de la verrerie doit se garder de ces excès. C'est toujours mal employer une matière que de la faire servir à des usages qui, en aucun cas, ne sauraient lui convenir.

Les cristaux taillés dont nous devons parler ici sont de dimensions plus pratiques. Dans la note commerciale, ils sont représentés par ces vases à boire ou de décoration, dont les verriers de Bohême ont continué de couvrir les panses à couches diversement colorées, de compositions souvent compliquées et touffues. Dans la note artistique, ils ont pour expression la plus élevée, ces imitations exécutées en Angleterre du célèbre vase de Portland, imitations qui, par la difficulté du travail et le prix de la main-d'œuvre, égalent les ouvrages les plus recherchés de la glyptique, sans présenter toutefois les grandes qualités décoratives qu'on était en droit d'espérer de productions aussi coûteuses[2].

Les verres de Bohême, en effet, par la netteté et la sécheresse de leurs tailles, par la coloration trop montée des *chemises* rouges ou bleues dans lesquelles les ornements sont incisés, ne laissent pas que de produire un effet assez triste, une impression dure et dépourvue de

---

1. A l'exposition de 1819, Mme Désarnaud, propriétaire du magasin à l'enseigne de l'*Escalier de cristal*, indépendamment d'un certain nombre de pendules, de candélabres, etc., exposa un lavabo destiné à la princesse d'Étrurie, la toilette de la feue reine d'Espagne, payée 16,000 fr. (voir fig. 33), un grand vase jaugeant 24 litres (fig. 32), etc., le tout en cristal taillé provenant de Saint-Gobain.

2. Une de ces belles imitations du vase de Portland, exposée en 1878, représentait déjà une dépense de 62,500 francs, bien qu'elle demandât encore pour être achevée, plusieurs années de travail.

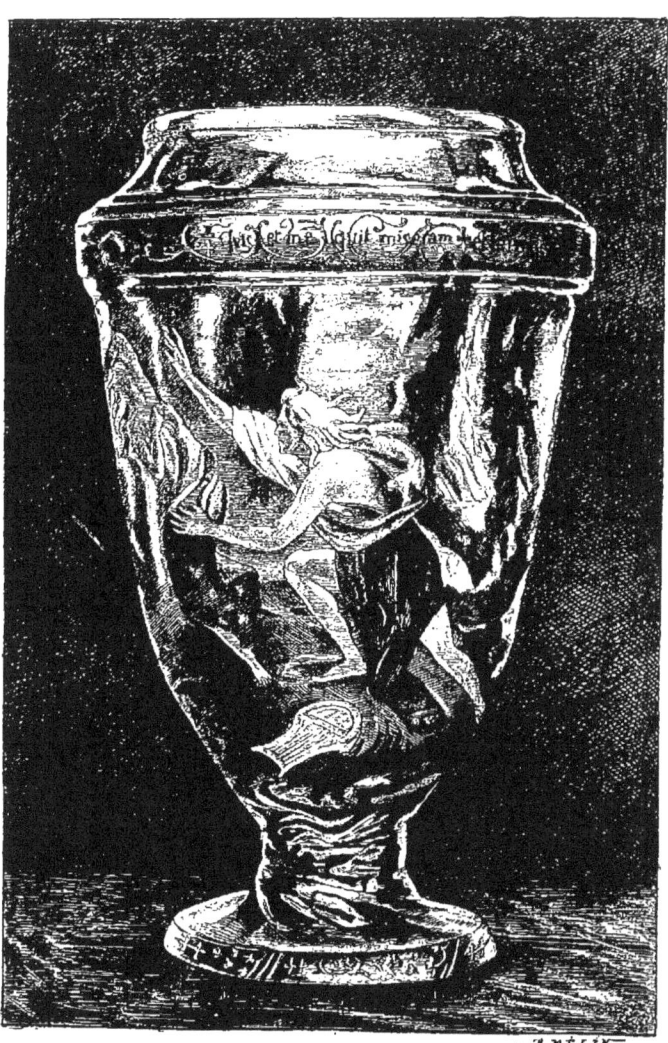

Fig. 34. — Vase d'Orphée, exécuté en taille-gravure, par M. Gallé, de Nancy.

charme. Quant aux chefs-d'œuvre des verriers anglais, la froide perfection de leurs belles copies de l'Antique en rend aussi l'aspect médiocrement agréable, sans compter que ce travail de bas-reliefs, exécuté par la taille sur des couches opaques superposées, a pour effet de faire ressembler ces vases de verre à des vases de porcelaine. Résultat fâcheux à tous égards; car « le déguisement de la matière, ainsi que l'écrivait fort bien M. Didron[1], est un principe détestable, que ne parvient même pas à justifier la perfection à peu près absolue de l'œuvre de l'artiste ».

Nos artistes français ont été mieux inspirés. M. Rousseau, de Paris, et après lui M. Léveillé, son successeur, et surtout M. Gallé, de Nancy, ont, dans ces dernières années, produit des vases de vitrine, des porte-bouquets, des gobelets d'un charme surprenant, qui présentent des fleurs, des arbrisseaux, des poissons, voire des personnages taillés et gravés[2] dans des couches superposées, et s'enlevant en de puissants reliefs de couleurs différentes. Mais, avec beaucoup de sagesse et un rare sentiment décoratif, les artistes dont nous venons de tracer les noms, ont eu soin de faire reparaître en dernier ressort le cristal transparent.

Ajoutons qu'imitant les Chinois non seulement dans l'imprévu de leurs décorations, mais aussi dans leurs procédés d'exécution, ils ont su transformer des imperfections analogues aux *craquelures* et aux *flammés* céramiques[3], en éléments de variété et de beauté. C'est ainsi qu'ils utilisent, et provoquent même au besoin, la formation intérieure de *bulles*, de *cordes*, de *nœuds*, de *stries*, qui donnent à leurs verres un aspect de gemme ou de cristal de roche, et font en quelque sorte *tressaillir* la matière. Mais ces défauts

---

1. *Exposition universelle de 1878.* — *Rapport de la classe XIX*, p. 13.
2. Le travail très compliqué à l'aide duquel ces verres sont exécutés prend le nom de *taille-gravure*.
3. Voir *Céramique*, t. 1ᵉʳ, *Fabrication*, p. 129.

voulus, non plus que les irisations ou les colorations légères et partielles auxquelles ils ont recours, ne déguisent pas la masse vitreuse au point de faire oublier par quelle classe d'artistes ces beaux ouvrages ont été conçus, et à l'aide de quels procédés ils ont été exécutés.

Ces pièces si particulières ne sauraient toutefois être considérées que comme des œuvres exceptionnelles, d'un art supérieur, et qui relèvent de la glyptique au moins autant que de la Verrerie.

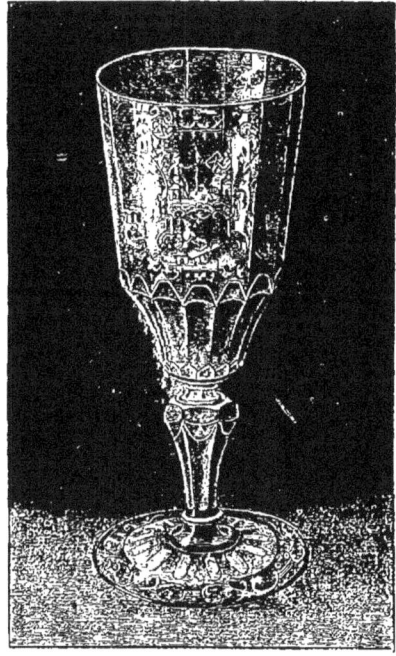

Fig. 25. — Verre de Bohême taillé et gravé
(xviiie siècle).

IX

LA GRAVURE

De la taille qui décore la cristallerie en multipliant les plans et les surfaces, il faut rapprocher la gravure, qui, se bornant à égratigner ce qu'on pourrait appeler l'épiderme du verre, produit une ornementation plus variée, plus délicate, mais aussi plus maigre, et qui rentre moins dans l'esprit de la verrerie; car, entamant ces parois si fragiles, elle semble en amoindrir la solidité.

La gravure sur verre s'exécute de trois façons différentes : au *touret*, à la *pointe de diamant*, à l'*acide*.

GRAVURE AU TOURET. — Le touret, ainsi que son nom l'indique, consiste en un petit disque d'acier fortement trempé, monté sur un tour et animé d'un mouvement de rotation extrêmement rapide. L'artiste, après avoir décalqué son calque sur la surface qu'il veut décorer, ou après avoir collé ce dessin de l'autre côté de son verre, présente celui-ci à la roue, qui l'entame, en suivant le tracé indiqué sur son calque, et en prenant bien garde que les entailles produites par son touret ne soient pas trop profondes. Elles ne doivent jamais dépasser, en effet, le tiers ou le quart de l'épaisseur de la matière.

De la sorte, on peut exécuter une foule de décorations agréables et orner le verre de chiffres, de fleurons, de cartouches, de semis d'étoiles, de chutes de feuillages ou de fleurs, de guirlandes, d'attributs, de couronnes héraldiques, d'emblèmes de toute nature et de tout caractère. L'action du touret sur le verre a pour effet de dépolir celui-ci et par conséquent de le *matir*. Quand on veut rendre à l'ornement gravé ou à certaines de ses parties, la transparence et l'éclat qui leur ont été enlevés, on les polit de nouveau, et l'on varie ainsi les effets obtenus.

Gravure a la pointe de diamant. — Ce genre de gravure est très peu usité aujourd'hui. Au XVIIe et au XVIIIe siècle, il était fort en honneur, surtout en Hollande. Ses traits étant forcément égaux, les effets obtenus sont moins variés que ceux de la gravure au touret. Il s'exécute, comme son nom l'indique, avec une pointe de diamant très acérée, montée sur un manche de 15 à 20 centimètres, qu'on manie comme un porte-crayon et qu'on appuie légèrement à la surface du verre. Toute personne sachant dessiner peut rapidement exécuter des décorations de ce genre. Mais ce travail si fin, si délicat, qu'il faut, pour le bien distinguer, une attention soutenue, ne laisse pas que d'être un peu monotone comme aspect, et n'est appréciable que lorsqu'on le considère de très près.

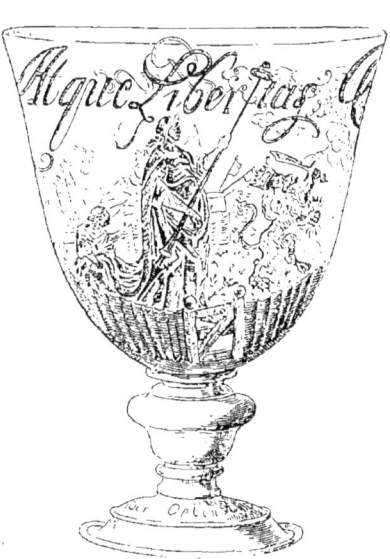

Fig. 36. — Verre hollandais taillé à la pointe de diamant.

Ces deux raisons expliquent pourquoi on a généralement délaissé cette sorte de travail; et la gravure au touret serait à peu près seule en usage, si, excellente pour la confection des petits ornements et la décoration de surfaces limitées, elle ne laissait pas que de devenir fort coûteuse quand il s'agit de décorer de grands espaces. Aussi, dans ce cas, a-t-on recours à des procédés économiques, au premier rang desquels figure la gravure à l'acide.

Gravure a l'acide. — Comme pour les procédés antérieurement décrits, on commence par décalquer le dessin sur le verre qu'on veut décorer; puis on fait chauffer celui-ci; on l'enduit d'une couche de cire; et quand cette couche, par suite du refroidissement, a retrouvé sa consistance ordinaire, on l'entame, à l'aide d'une pointe, en suivant le dessin préalablement décalqué, en ayant soin que la pointe arrive jusqu'à l'épiderme du verre et le mette bien à nu. Cela fait, on baigne la pièce dans l'acide sulfurique, et au sortir du bain on la saupoudre de fluate de chaux. Ce dernier, au contact de l'acide, se décompose et produit de l'acide fluorique, qui attaque la silice entrant dans la composition du verre, si bien que l'objet ou la surface, étant de nouveau chauffé pour enlever la cire, montre toutes les parties que la pointe avait mises à nu dépolies par les morsures de l'acide.

On se sert surtout de ce procédé pour les vitrages, pour les clôtures, les glaces de devanture de certains établissements publics; et comme dans ce genre de travail le prix de revient joue, à cause de l'étendue des surfaces, un rôle très important, on s'est si bien appliqué à perfectionner les moyens de production que nous venons de décrire, que les verres gravés à l'acide peuvent être utilisés pour les habitations les plus modestes.

Deux industriels très habiles l'un et l'autre ont attaché leurs noms aux progrès réalisés dans ce sens. C'est à M. Kessler que l'on doit les procédés économiques permettant de décalquer par le papier les dessins qu'on veut reproduire, et d'établir rapidement les réserves obtenues grâce aux enduits préservateurs. C'est M. Bitterlin qui est parvenu à nuancer les différents genres de mat fournis par cette sorte de gravure, de façon à produire des modelés qui varient les dessins, et leur donnent à la fois plus de relief apparent et plus de consistance.

Si l'on peut, lorsqu'il s'agit de grandes surfaces, obtenir avec la gravure à l'acide des effets très décoratifs, il faut n'en faire qu'un usage beaucoup plus sobre pour tout ce qui regarde la cristallerie de service et la gobeleterie. Un chiffre, des armoiries, un emblème, une légère guirlande soulignant le bord du verre ou en cerclant le pied, à la rigueur un semis très discret de perles ou de fleurons, sont les seules ornementations qui puissent être approuvées. Le décorateur, pour ce genre d'ouvrages, ne doit jamais perdre de vue la nature de la matière qu'il a mission d'orner. Or la qualité essentielle du verre, sa condition distinctive, c'est d'être transparent. Tout ce qui atténue cette transparence va donc à l'encontre de sa propriété caractéristique par excellence, et par conséquent doit être rejeté.

Un autre écueil à redouter lorsque cette transparence n'est atténuée que sur un petit nombre de parties, c'est que dans la plupart des récipients, dans un gobelet, dans un flacon par exemple, on aperçoit à travers le dessin qui décore la paroi la plus proche de l'œil, le motif qui orne la paroi opposée. De telle façon que les lignes des deux images, se mêlant et s'enchevêtrant, arrivent à produire une confusion en quelque sorte inextricable, qui enlève aux contours du décor toute signification.

On voit par là avec quel tact et avec quelle discrétion on doit procéder, dans la cristallerie de table, à l'emploi des trois procédés de gravure que nous venons de décrire.

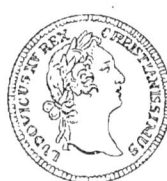 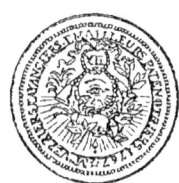

Fig. 37. — Jeton de la corporation des verriers.

X

AUTRES MANIÈRES DE DÉCORER LA GOBELETERIE : LA PEINTURE, LA DORURE, LES ÉMAUX, LES VERRES FILIGRANÉS, LA CRAQUELURE, ETC.

Indépendamment de la taille et de la gravure, divers autres procédés de décoration sont encore appliqués avec succès à l'ornementation du verre. Les plus employés de ces procédés sont la peinture en émail et la dorure.

On donne, d'une façon générale, le nom d'émail à toute matière vitreuse, colorée dans sa masse ou incolore, opaque ou translucide, qui, mélangée ou non à un fondant [1], entre en fusion à une température relativement peu élevée. Cette pâte vitreuse est réduite en poudre très fine, puis délayée dans de l'eau gommée et appliquée au pinceau sur la pièce à décorer, comme on procède pour la gouache, et de la même manière, du reste, dont en usent les peintres sur porcelaine ou les émailleurs sur métal. La pièce, une fois recouverte de son ornementation, est soumise à un feu de moufle qui, grâce à l'action du fondant, fixe la couche d'émail à la matière qui la porte. Si la décoration, compliquée, nécessite l'application d'émaux fondant à des températures sensiblement différentes, on a recours à plusieurs cuissons successives, en ayant soin de commencer toujours par l'application de l'émail qui réclame la température la plus élevée.

On peut conclure de ce qui précède que l'artiste en pos-

---

[1]. Les manuels spéciaux donnent la composition d'un grand nombre de ces fondants chargés de précipiter la fusion des émaux. Les plus employés sont formés par un mélange de borax calciné, de minium et de sable, auxquels on ajoute, suivant le cas, du phosphate de soude, du chlorure d'argent, du sel marin, etc.

session des émaux qui lui sont nécessaires n'éprouve guère (si ce n'est quant aux changements de tonalités que produit la cuisson) de difficultés bien spéciales à pratiquer ce genre de décoration. Or aujourd'hui les émaux les plus variés sont couramment fabriqués et offerts au commerce par un certain nombre de spécialistes expérimentés[1]. Rien n'est donc plus facile que de se procurer les nuances que l'on désire. Jadis il n'en allait pas de même. Cette fabrication constituait, ainsi que le remarque M. Peligot, un secret précieux que l'on se transmettait dans certaines familles. Aussi la fabrication des verres colorés, nous l'avons constaté dans un précédent chapitre, a-t-elle de tout temps beaucoup préoccupé les fabricants de verrerie, non seulement à cause du grand parti décoratif qu'ils pouvaient tirer de

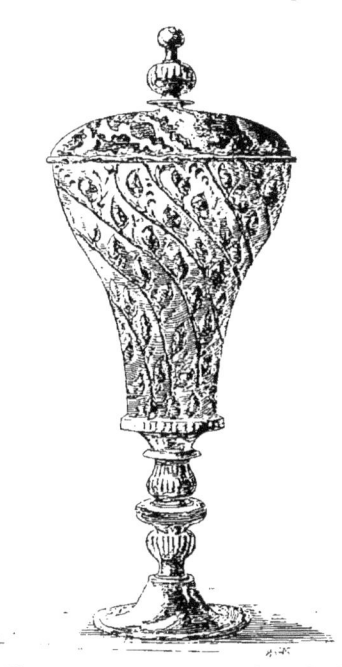

Fig. 38. — Verre à boire émaillé et doré. (Fabrication vénitienne, XVIe siècle.)

leur application, mais parce qu'ils se flattaient de produire ainsi des matières assez belles et assez pures pour pouvoir remplacer les pierres précieuses[2]. Les admirables ver-

---

1. MM. Appert, de Clichy, et Guilbert-Martin, de Saint-Denis, ont tellement perfectionné cette fabrication chez nous, que l'étranger, dont nous étions autrefois tributaires, vient maintenant chercher ses émaux en France.

2. Voir dans l'*Art de la verrerie* de Néri le titre du livre IV : « On donne dans ce livre la manière... d'avoir la couleur d'Émeraude, de

rières qui nous ont été conservées, aussi bien que l'hommage rendu par le moine Théophile[1] à nos ancêtres, montrent que dès le xie siècle on a obtenu en France, sans trop d'efforts, des verres colorés d'une façon assez parfaite, pour que leur franchise de ton et leur éclat n'aient point été surpassés depuis.

Mais tous ces verres colorés, aussi bien ceux des vitraux que les imitations de pierres précieuses, sont transparents. Pour obtenir des émaux capables de masquer la surface qu'ils recouvrent, il importe de leur enlever ou tout au moins de diminuer leur translucidité, ce qu'on obtient en les mélangeant avec des matières qui, formant un précipité blanc laiteux ou jaunâtre, communiquent au verre coloré, sans dénaturer sa couleur, l'opacité nécessaire.

Ce résultat est obtenu à l'aide d'un certain nombre de substances, parmi lesquelles on peut citer l'acide antimonique, le chlorure d'argent, mais surtout le phosphate de chaux, produit par la calcination des os, et le peroxyde d'étain ou acide stannique, qui sont les plus employés. Lorsque le verre, malgré sa couleur laiteuse ou opaline, doit rester translucide, — comme cela est nécessaire par exemple pour les globes de lampe ou les abat-jour, — on donne la préférence aux os calcinés. Quand, au contraire, l'émail doit être tout à fait opaque et dérober l'excipient qu'il recouvre, comme cela se produit dans l'émaillerie sur cuivre, sur tôle ou sur lave, et dans la décoration de certains objets de verrerie, on emploie le peroxyde d'étain[2].

Topase, de Bleu-Céleste, d'Aigue-Marine, du Grenat, le Saphire, le Jaune d'or, avec le moyen de donner au Cristal de Roche une couleur durable de Rubis balais, de Topase, d'Opal, d'Héliotrope et autres teintures fort belles. » De même dans l'ouvrage si curieux d'Haudicquer de Blancourt, tout un livre (le livre V) est consacré à la contrefaçon des pierres précieuses.

1. *Op. cit.*, préface, p. 9.
2. Dans son beau livre sur la *Chimie appliquée aux arts* (t. II, p. 629), M. Dumas a très clairement décrit la fabrication du stannate de plomb ou *calcine*, qui, mélangé avec du sable siliceux et du carbo-

Si, au lieu d'une décoration en couleur, on veut simplement orner la gobeleterie de quelques filets ou dessins en or, on prend de l'or à peu près fin ; on le fait dissoudre dans de l'eau régale, que l'on précipite ensuite par une adjonction de potasse caustique ou de sulfate de protoxyde de fer. On recueille le précipité sur un filtre ; on le lave ; on le fait sécher ; on le mélange avec du borax pulvérisé et avec un peu d'essence de térébenthine, formant du tout une bouillie épaisse, qu'on applique au pinceau sur la surface du verre et suivant le dessin qu'on veut figurer. On expose ensuite la pièce à un feu de moufle assez fort pour volatiliser la térébenthine et pour vitrifier le borax. Et de la sorte, l'or se trouve fixé à la surface du verre. Pour achever le travail il ne reste plus qu'à lui donner le bruni.

On a écrit, dans ces derniers temps, que ces diverses pratiques avaient constitué jadis un secret, et que ce secret s'était perdu, et l'on a fait gloire à quelques-uns de nos verriers contemporains d'avoir retrouvé des procédés qu'on croyait oubliés pour toujours. La vérité est que la dorure et l'émaillage du verre, s'ils sont extrêmement anciens, n'ont jamais cessé d'être pratiqués à Venise, en Allemagne et même en France.

Le moine Théophile, dans son livre si précieux[1], donne une description fort détaillée des tours de main employés de son temps pour ce genre de travail, et cette explication, qui remonte au XIe siècle, est trop curieuse pour que le lecteur n'éprouve pas quelque plaisir à l'avoir sous les yeux.

DES COUPES DE VERRE QUE LES GRECS ORNENT D'OR ET D'ARGENT. — Les Grecs, écrit notre moine, font avec les mêmes pierres de saphir[2] des coupes précieuses pour boire. Voici comment ils les ornent d'or. Prenant de la feuille d'or dont nous

nate de potasse, fournit la fritte qui sert de base à la plupart des émaux opaques.
1. *Op. cit.*, p. 95.
2. C'est-à-dire avec du verre coloré en bleu foncé.

avons parlé plus haut, ils en fabriquent des images d'hommes, d'oiseaux, d'animaux ou de feuillages, et ils les posent avec de l'eau sur la coupe partout où ils veulent. Cette feuille doit être un peu épaisse. Ensuite ils prennent du verre très clair comme du cristal, qu'ils composent eux-mêmes et qui, en sentant la chaleur du feu, se dissout. Ils le broient soigneusement sur une pierre de porphyre avec de l'eau et en appliquent avec le pinceau une couche très fine sur toute la feuille ; lorsque cela est sec, ils le placent dans le fourneau dans lequel se cuit le verre pour les vitraux peints, dont nous parlerons par la suite, et mettent dessous du feu avec des bois de hêtre parfaitement séchés à la fumée. Quand ils voient la flamme pénétrer la coupe au point qu'elle prenne une légère rougeur, aussitôt, enlevant le bois, ils bouchent le fourneau jusqu'à ce qu'il soit refroidi, et l'or ne se détachera jamais.

Même sujet. Autre procédé. — Ils emploient aussi un autre moyen. Prenant de l'or moulu dans un moulin dont on se sert pour les livres[1], ils l'étendent d'eau ; de même pour l'argent. Ils en font des ronds, et dans ces ronds des images, des animaux ou des oiseaux d'un travail varié ; ils les enduisent du verre très brillant dont nous avons parlé. Ensuite, prenant du verre blanc, du rouge et du vert, en usage dans les incrustations, ils broient sur une pierre de porphyre chacun de ces verres à part avec de l'eau ; ils en peignent de petites fleurs, des nœuds et autres petits ornements, à leur choix, avec un travail de différentes couleurs entre les ronds et les nœuds et la broderie autour du bord, et cela d'une épaisseur moyenne, le cuisant ensuite dans le fourneau d'après les procédés déjà indiqués. Ils font aussi des coupes de pourpre ou de saphir léger, et des fioles à col médiocrement allongé, les entourant de fils faits avec du verre blanc et y plaçant des anses du même verre. Ils ornent encore à volonté leurs divers travaux d'autres couleurs.

Les admirables peintures sur verre exécutées chez nous pendant tout le Moyen Age, les merveilleuses lampes de mosquée faites dans tout l'Orient, les incomparables ver-

1. C'est-à-dire de l'or en coquille, employé pour enluminer les manuscrits.

reries de table, émaillées et dorées, fabriquées à Venise au xve et au xvie siècle, nos verres à personnages et à devises joyeuses de ce même temps, la gobeleterie si caractéristique chargée d'armoiries et d'emblèmes, que produisit l'Allemagne jusqu'au milieu du xviiie siècle, montrent assez que de tout temps, et jusqu'à une époque très voisine de nous, ces façons de décorer le verre sont demeurées en honneur. Les procédés que nous venons de décrire n'ont donc pu être retrouvés, puisqu'ils n'ont jamais été réellement perdus.

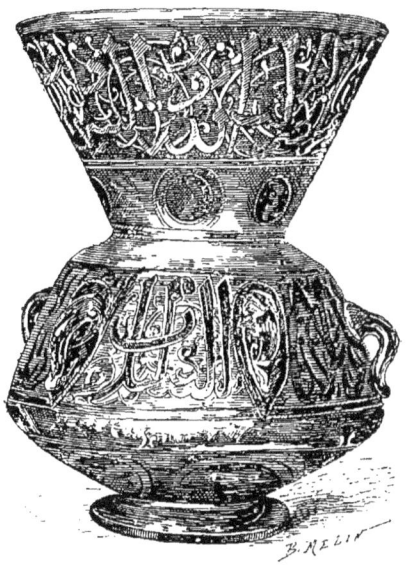

Fig. 39. — Lampe de mosquée en verre émaillé et doré.

Par contre, il s'est rencontré, en notre temps, des artistes de premier mérite, comme M. Brocard, qui, débutant par la copie des verreries orientales, par la reproduction des lampes de mosquée les plus fameuses, des bassins arabes ou persans les plus précieux, s'inspirant ensuite de la Renaissance italienne et française, ont rappelé l'attention sur ces ouvrages un peu trop oubliés, et donné un renouveau à cet art délicat.

Sur un verre blanc, ou, ce qui vaut mieux, légèrement teinté, ils ont disposé, avec un goût charmant, des traits d'or mêlés d'émaux translucides ou opaques; et ces belles pièces témoignent non seulement d'une louable érudition, qui les a fait confondre parfois avec des produits fort anciens, mais d'un sentiment décoratif extrêmement remarquable, et assez élevé pour qu'on leur ait ouvert les portes de nos musées.

On en peut dire autant de la restitution de ces *verres chrétiens* dont l'apparition à l'Exposition de 1878 fit si grand bruit, et dont M. Salviati, de Murano, tira profit et honneur. Ces calices, ces coupes qui nous montrent des dessins émaillés sur une feuille d'or, enfermés dans l'épaisseur de la matière vitreuse, témoignent, ainsi que le reconnaissait justement M. Didron [1], d'une habileté surprenante. Mais le procédé par lequel ces décorations sont obtenues, consigné dans le livre du moine Théophile, avait été, depuis trente ans, décrit à nouveau par M. Pelouze avec toute la clarté désirable [2].

Qu'il s'agisse d'une peinture ou d'une dorure à insérer dans l'intérieur d'une masse vitreuse, on opère, en effet, de la même façon. On peint le sujet qu'on veut représenter sur une feuille de verre et, la peinture achevée, on place cette feuille sur une brique bien polie, lorsque c'est une surface plane, ou sur un mandrin en terre réfractaire, si c'est un vase creux que l'on entend décorer. Puis on applique sur ce verre peint un autre verre qui recouvre exactement le premier, et on le charge de briquettes destinées à maintenir le contact. Ces dispositions prises, on place le tout dans un fourneau; on donne une chauffe en surveillant très exactement le ramollissement progressif du verre et en arrêtant celui-ci dès qu'une chaleur assez intense a pu souder les deux surfaces.

Après le refroidissement, celles-ci, faisant corps ensemble, ne constituent plus qu'un seul morceau, et le dessin placé à l'intérieur paraît faire partie de la masse vitreuse, surtout lorsqu'on a repoli celle-ci; car l'épiderme du verre,

---

1. *Rapport du jury international*, 1878, p. 17.
2. Voir *Nouveau Manuel du verrier*, par Julia de Fontenelle et F. Malpeyre, t. II, p. 30.

en passant par le fourneau, perd toujours de son éclat primitif.

Si ces intéressantes restitutions ne peuvent être considérées comme de réelles découvertes, il n'en est pas de même de l'*aventurine factice* et des *verres filigranés*. La fabrication de l'aventurine par grandes masses constitua,

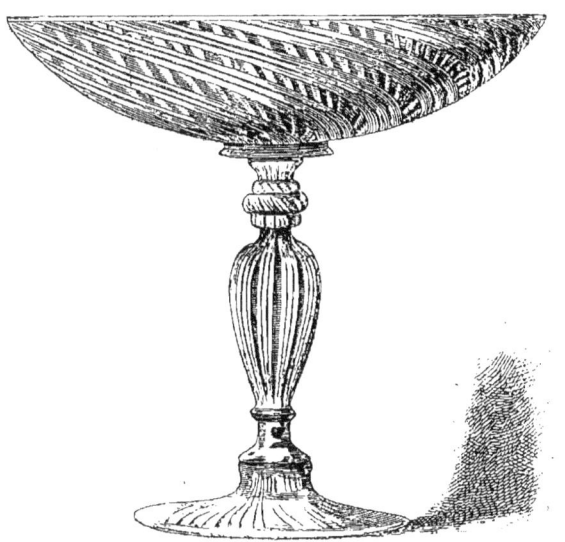

Fig. 40. — Coupe en verre filigrané. (Fabrication vénitienne, xvie siècle.)

au xvie siècle, un véritable secret, qui enrichit un petit nombre de verriers de Murano. Ce secret, n'ayant jamais été divulgué au dehors, se perdit quand les verreries vénitiennes éteignirent successivement leurs fours. Aussi a-t-il fallu les curieuses analyses de MM. Wœhler et Barreswil, les essais de laboratoire de MM. Frémy et Clémandot, pour déterminer la nature de cette curieuse composition, et l'expérience ainsi que le profond savoir de M. Monot pour que celui-ci pût, dans son usine de Pantin, fabriquer par grandes masses cette riche matière.

De même, la façon dont les verres filigranés sont fabriqués était tout à fait oubliée quand un verrier non moins expérimenté, M. Bontemps, de Choisy-le-Roi, arriva, à force d'essais, de tâtonnements, et ajoutons d'ingéniosité, à restituer ces délicats ouvrages, qui constituent peut-être ce que l'industrie verrière a produit de plus étonnant. M. Bontemps fit mieux encore. Il livra généreusement au public le résultat de ses recherches [1].

Personne n'ignore qu'on désigne sous ce nom de verres filigranés, des verres à l'intérieur desquels une multitude de filets alternativement incolores ou colorés, transparents ou opaques, s'enlacent en traçant des dessins plus ou moins réguliers, mais toujours agréables. Ces filets sont formés d'une façon singulière. Ils sont composés à l'aide de baguettes de couleur ou d'opacité différentes, fabriquées séparément, ensuite juxtaposées, puis réunies par la chaleur du four de travail, et soufflées comme une masse de verre unique. Pour cela on les dispose, suivant le dessin qu'on veut obtenir, dans un moule cylindrique (voir fig. 41 et 42), de manière qu'elles en garnissent la paroi circulaire; puis on les passe au four, non pas jusqu'à les ramollir, mais de manière qu'elles puissent être impunément touchées par le verre chaud. Cela fait, avec une canne on enlève une petite *cueillée* de cristal transparent et incolore, et, après lui avoir donné à peu près la forme du moule, on la chauffe fortement; on l'introduit dans le moule et l'on souffle de façon à presser la matière incandescente contre les baguettes. Celles-ci, sous l'action de la chaleur, se soudent à la masse, de telle sorte que lorsque le verrier retire sa canne, ces baguettes font corps avec la partie vitreuse qu'il a introduite dans le moule.

Ce premier point acquis, on fait chauffer le tout de manière

---

1. Cette publication fut faite dans le *Bulletin de la Société d'encouragement*, t. XLIV, p. 183. On trouvera également une longue description des procédés retrouvés par M. Bontemps dans le beau livre de M. Labarte, *les Arts industriels au moyen âge*.

à rendre l'adhérence complète, on *marbre* pour unifier la masse, et on travaille ensuite cette *paraison* comme une *poste* ordinaire, lui donnant la forme que l'on désire par le soufflage et par les autres moyens que nous avons décrits plus haut.

Le résultat de cette opération assez compliquée est à la fois singulier et charmant. Les baguettes aplaties extérieurement et intérieurement forment des dessins filigranés régulièrement parallèles. Si l'on a étiré le verre tout droit,

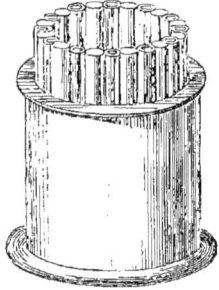 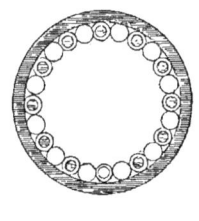

Fig. 41 et 42. — Baguettes disposées pour le filigrane.

les lignes, conservant la disposition occupée par les baguettes, restent longitudinales. Si, une fois les baguettes soudées à la masse, on imprime à celle-ci un mouvement de rotation, en ayant soin de retenir l'extrémité inférieure avec les *fers*, les lignes, obéissant à ce mouvement de torsion, forment des spirales plus ou moins accentuées, dont les combinaisons peuvent varier à l'infini, et qui communiquent, à la pièce achevée par les moyens ordinaires, un aspect à la fois étrange et charmant.

Il nous reste maintenant à expliquer comment on fabrique les baguettes qui servent à faire les verres filigranés. On commence par faire un filet simple de verre opaque ou coloré. Pour cela, le verrier cueille au bout de sa canne environ 200 gr. de matière ; il marbre ce verre et lui donne ainsi une forme cylindrique ; il le laisse un peu refroidir, puis il le plonge dans un creuset contenant du verre incolore en fusion, et l'habille ainsi d'une *chemise* d'environ un demi-centimètre d'épaisseur. Il égalise le tout en *marbrant* de nouveau, puis, après une forte chauffe, il applique un *pontil* garni de verre chaud à l'extrémité opposée de la canne, et, comme nous l'avons vu faire pour les tubes, il étire le verre jusqu'à ce que la colonne ainsi formée soit arrivée au diamètre voulu, lequel comporte généralement de $0^m,004$ à $0^m,006$. Ensuite il divise cette *tirée* en portions de longueur convenable pour l'usage qu'il veut en faire, et c'est ainsi que les baguettes *simples* sont obtenues ; car nous devons ajouter que le verrier, amoureux des difficultés et des tours de force, peut compliquer singulièrement cette fabrication déjà fort délicate.

Au lieu de nuancer son travail avec des baguettes présentant un filet droit, il peut se servir, en effet, de baguettes dont le filet décrit une spirale et même une double spirale qui, plus tard, aplaties par le *marbrage,* formeront dans l'épaisseur du verre un réseau de losanges plus ou moins serrés.

Pour cela, il suffit de placer dans un petit moule des baguettes à filet droit, alternant avec des baguettes incolores ; puis, comme nous l'avons indiqué, de former avec ces baguettes et du verre en fusion un cylindre qui, chauffé, *marbré* et chauffé de nouveau, est, au lieu d'être soufflé, étiré avec des pinces pendant que la canne posée sur les *bardelles* est animée d'un mouvement de rotation. De la sorte, les fils intérieurs forment les spirales voulues, et ce travail très curieux peut, suivant les caprices et la fantaisie de l'artiste qui l'exécute, donner naissance aux combinaisons les plus surprenantes et les plus variées.

Toutes ces opérations, pour ingénieuses qu'elles soient, n'ont et ne peuvent avoir qu'un caractère exceptionnel. Ce sont de véritables tours de force. Dans ce même genre, toutefois, d'autres ouvrages, d'une application plus courante, sont également dignes d'intérêt. Nous voulons parler de la fabrication de ces pièces formées de couches superposées et diversement colorées, dont les verreries de Bohême offrent le type sinon le plus remarquable, du moins le plus connu.

Il n'est aucun de nos lecteurs qui n'ait vu et même tenu en ses mains quelqu'un de ces objets en cristal taillé, dont il a été fait mention dans un précédent chapitre, et dont la matière, blanche à l'intérieur et colorée extérieurement en un rouge grenat ou en un bleu saphir d'une richesse un peu

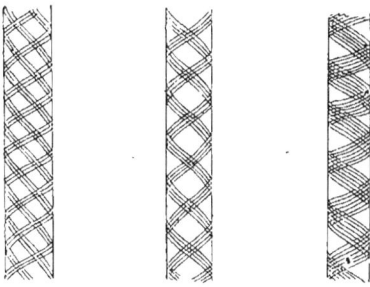

Fig. 43 à 45. — Baguettes filigranées en spirales et en losanges.

sombre, a été incisée de dessins représentant des animaux, des chasseurs, des arbres, etc. Après ce que nous venons de dire, il n'est pas très difficile de démêler comment cette superposition de couches diversement colorées est obtenue.

Le verrier charge sa canne d'une quantité de verre incolore correspondant comme poids à la taille de l'ouvrage qu'il veut exécuter. Après l'avoir légèrement soufflée et *marbrée,* afin qu'elle prenne par le refroidissement une certaine consistance, il plonge cette *poste* dans un creuset contenant du verre coloré. Quand il juge qu'une épaisseur suffisante de ce dernier s'est attachée à la masse primitive, il la retire, souffle de nouveau, *marbre,* façonne, achève son travail, et possède ainsi une pièce qui intérieurement est en verre incolore et extérieurement en verre coloré. Si, au lieu d'un verre coloré d'un seul côté, il voulait obtenir une pièce de deux couleurs, comme cela se fait pour certains abatjour qui, blancs ou opalins à l'intérieur, sont extérieurement bleus, rouges, jaunes ou vert céladon, il procéderait de même, mais en ayant recours à deux potées de verres de teintes différentes.

Ajoutons que dans les grandes verreries où la fabrication de ces articles est courante, pour faciliter le travail on prépare d'avance et on emmagasine un certain nombre de petits cylindres de matière, appelés *boulots*. Ces *boulots* correspondent comme volume aux dimensions que revêtira la couche intérieure de la pièce. Quand on veut exécuter quelques-unes de celles-ci, on prend au magasin la quantité de *boulots* nécessaires, puis le verrier les fixe successivement à l'extrémité de sa canne, les approche de l'ouvreau, les ramollit à la chaleur du four, les plonge ensuite dans une potée de verre autrement coloré, les charge ainsi d'une *chemise,* et conduit le reste de son travail comme il a été dit plus haut.

Mais pour que ces diverses opérations puissent s'accomplir sans accident, une condition essentielle est à remplir. Il est indispensable que les deux verres *cordent,* — expression adoptée par les gens du métier pour signifier que les deux masses vitreuses, destinées à s'habiller réciproquement, doivent être de même composition, ou du moins qu'au double point de vue de la dilatation et de la rétraction elles doivent s'accorder exactement. — Sans cette condition très difficile à remplir, et qui exige, dans la composition des différents verres, des soins exceptionnels et une expérience consommée, il se produirait des malfaçons analogues à ce que dans la Céramique on nomme des tressaillures[1]. Et même ces sortes d'accidents, ici, seraient plus graves, parce

---

1. Voir *Céramique*, t. Ier, p. 47.

que les fêlures, ne s'arrêtant pas à la couverte, traverseraient la paroi dans toute son épaisseur.

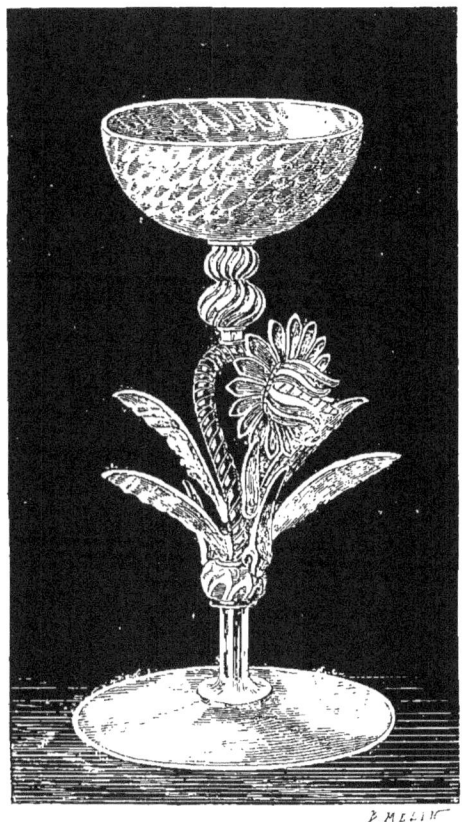

Fig. 46. — Petite coupe en verre filigrané. (Fabrication vénitienne, XVIᵉ siècle.)

Constatation intéressante, et qui montre combien les divers *Arts de l'Ameublement* présentent de concordance dans leurs procédés de décoration : à l'instar de ce qui s'est produit dans la fabrication des porcelaines, les verriers ont eu l'idée, eux aussi, d'utiliser ces défauts qu'on appelle des *craquelures*. On a confectionné, en effet, dans ces années dernières, des brocs à eau et surtout des carafes à rafraîchir, en cristal assez épais qui, plongé brusquement et alors qu'il est à peine solidifié, dans l'eau froide, se contracte si rapidement qu'il se fendille et présente, grâce à ces craquelures, une demi-opacité.

L'aspect très particulier que revêtent les pièces ainsi façonnées peut s'obtenir aussi, et d'une façon plus régulière, par un autre procédé. On réduit en une infinité de petits fragments des déchets de cristal, soit en les passant au pilon, soit par tout autre moyen, et quand la pièce qu'on exécute est à peu près achevée, — mais avant qu'elle soit refroidie et alors que la surface du verre est encore malléable, — on en saupoudre le corps avec ces fragments, qui se collent sur les parois, s'y fixent, y adhèrent, et qui, repassés au feu, perdent, grâce à une forte recuisson, le tranchant de leurs arêtes, mais conservent le grenu de leurs cassures, lequel forme à leur surface comme un nuage gris et opaque.

Ce procédé, faut-il l'ajouter, est, comme tous les autres, sujet à perfection, et l'on a pu admirer à l'Exposition de 1878 des *craquelés métallisés* obtenus par des flammes réductrices, qui faisaient le plus grand honneur à l'ingéniosité et à l'habileté de MM. Monot et Stumpf, les directeurs de la cristallerie de Pantin.

Telles sont, décrites aussi sommairement que possible, les diverses façons généralement employées pour décorer le verre, et notamment la gobeleterie.

XI

LA RECUISSON DU VERRE. — LES LARMES BATAVIQUES.
LES ARCHES A RECUIRE. — LE VERRE TREMPÉ.

Le verre, nous l'avons constaté dès les premières pages de cette étude, est, par sa nature même, si facile à rompre, que depuis deux mille ans il est considéré comme l'emblème par excellence de la fragilité. Mais lorsque, au lieu de le laisser se refroidir lentement et progressivement, on précipite son refroidissement, il devient alors tellement cassant qu'il ne peut plus servir à aucun usage. La démonstration de cette particularité peut être établie d'une façon péremptoire par une amusante expérience. Nous voulons parler de la confection des *larmes bataviques*.

On donne le nom de *larmes bataviques* ou *gouttes du prince Robert*[1] (d'après le nom de leur prétendu inventeur) à des parcelles de verre en fusion qu'on laisse tomber dans de l'eau très froide. Ces parcelles prennent, en traversant le liquide, l'aspect de grosses larmes se terminant en pointe. Et quand elles sont retirées de l'eau, il suffit de rompre cette pointe pour que la larme, éclatant avec une violence très caractéristique, se trouve réduite en poussière.

Cette singularité a été expliquée d'une façon plausible par divers savants, et notamment par M. Beudant[2]. Elle résulte de ce fait que la partie extérieure d'une masse vitreuse, lorsqu'elle se refroidit trop brusquement, se modèle, en se solidifiant, sur le développement que présentent les parties intérieures de cette masse. Or ces parties, étant

---

1. On les a nommées aussi *Larmes de Hollande*. Un sieur Hubin s'était fait, au XVIIe siècle, une certaine réputation pour la fabrication de ces larmes. Spon en parle en 1673. Voir aussi le *Livre commode* de 1692.
2. *Nouveau Manuel du verrier*, p. 220.

encore molles et très dilatées au moment où s'opère la solidification extérieure, tiennent une place sensiblement plus grande que l'espace qu'elles occuperaient normalement, si un refroidissement progressif, pénétrant leurs molécules intérieures, avait permis à celles-ci de diminuer régulièrement de volume. Aussi, lorsque le refroidissement les gagne à leur tour, se trouvant immobilisées par la croûte solide qui les enveloppe et qui détermine l'espace qu'elles doivent remplir, elles ne peuvent se resserrer comme il faudrait. Il se produit alors dans la masse une désagrégation qui ne manque pas de se manifester au dehors dès que, pour une cause quelconque, l'enveloppe extérieure cesse de maintenir les molécules.

Une autre expérience plus récente, moins célèbre, mais non moins curieuse, va nous fournir une nouvelle démonstration de cette singulière propriété du verre vivement refroidi. Nous demandons à un verrier d'exécuter sous nos yeux un gobelet et d'en tenir le fond aussi épais que possible. A peine ce gobelet a-t-il reçu sa forme, que nous plongeons brusquement son fond dans l'eau froide. Eh bien ! pour le réduire en poudre, il suffira de laisser tomber sur le fond de ce gobelet un caillou pointu ou un morceau de verre.

Mais si, au lieu de procéder à ces expériences destructives, nous faisons recuire ce gobelet, et que nous le laissions refroidir lentement, sa contexture vitreuse redeviendra homogène, et il ne sera pas plus cassant que le verre ordinaire. Cette constatation démontre la nécessité de donner au verre une recuisson raisonnée, et de ne jamais le soumettre qu'à un refroidissement progressif.

La recuisson a lieu dans un four spécial, voûté en forme de tunnel très allongé, et qui porte le nom d'*arche*. Jadis l'*arche* était une dépendance, une annexe du fourneau de cuisson. On utilisait pour la chauffer l'excédent de calorique que ce fourneau laisse sans emploi. Mais ce mode de chauffage, s'il était économique, manquait de régularité, et dès lors, le refroidissement n'étant pas toujours convenablement gradué, le retrait s'opérait sans permettre aux molécules de prendre l'arrangement qui leur est propre. De là venait cette extrême fragilité de certains verres, qu'un

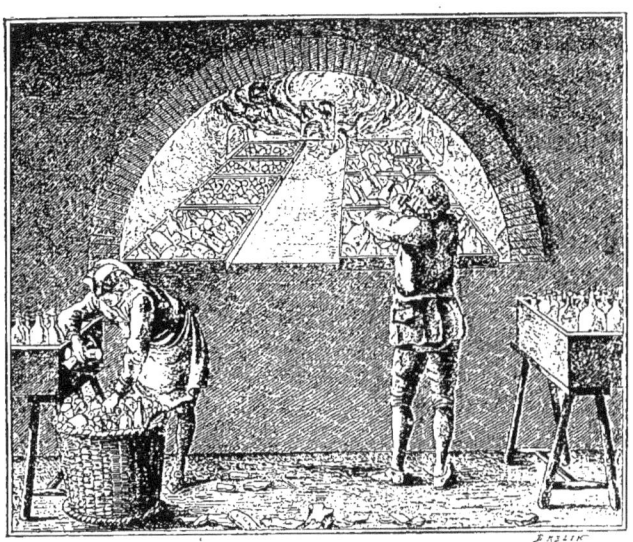

Fig. 47. — L'arche de recuisson.

changement de température suffisait pour faire tomber en morceaux, et qui volaient en éclats dès qu'on voulait les graver au touret ou les tailler à la meule.

Aujourd'hui, dans les grandes verreries et dans les cristalleries importantes, les arches de recuisson constituent des fours séparés, munis de leur mode de chauffage propre. Elles consistent en un très long couloir, qu'un petit train de wagonnets en tôle épaisse traverse dans toute sa longueur. Aussitôt la pièce sortie des mains de l'ouvrier, un *gamin*, qu'on désigne sous le nom de *porteur à l'arche*, introduit dans son goulot soit une baguette de bois, soit une tringle de fer, et, la portant au bout de sa tringle ou de sa baguette, va déposer sa pièce dans le wagonnet le plus voisin de la bouche du four. Lorsque ce wagonnet est plein, on le pousse; un autre le remplace, et le train avance de la sorte, soumis à une chaleur d'autant moins élevée qu'il s'éloigne davantage, et qui, partant de 300 à 400 degrés, ne présente plus à l'autre extrémité de l'arche qu'une température de 25 à 30 degrés. Quand le chargement est parvenu à destination, le wagonnet est vidé. Les pièces qu'on en tire sont logées dans des paniers et portées au magasin, et le wagonnet va reprendre sa place à la queue du train, qui continue toujours d'avancer dans le tunnel de l'arche[1].

L'amélioration qu'on obtient dans la solidification du verre par une recuisson intelligente n'est pas telle, cependant, que cette matière puisse supporter des secousses bien fortes; aussi s'est-on appliqué à donner aux matières vitreuses un surcroît de dureté et de résistance, soit en opérant leur refroidissement *sous pression* (procédé Siemens), soit par *le trempage* (procédé de La Bastie).

Cette dernière découverte, bien qu'elle n'ait pas encore donné tous les résultats qu'on est en droit d'en attendre, fait d'autant plus d'honneur à l'industrie française que l'application en est facile et finira — surtout pour la gobeleterie — par se généraliser. Le bain de trempe imaginé par M. de La Bastie est obtenu par la fonte de graisses de boucherie épurées et maintenues à une température qui varie entre 60 et 100 degrés. Les pièces achevées sont présentées à l'ouvreau, soumises à une forte chauffe, puis apportées au-dessus du bain et, par un coup sec, détachées de la canne.

La pièce tombe alors dans la graisse, où elle plonge en sifflant; une autre lui succède, et l'immersion continue ainsi

---

1. Pour les pièces de très grandes dimensions, cette recuisson serait insuffisante; aussi les enferme-t-on dans des *arches fixes*, qu'on chauffe fortement, qu'on ferme dès qu'elles sont garnies, et qu'on laisse refroidir ensuite lentement, comme les fours de céramique.

jusqu'à ce que la cuve soit remplie. Lorsqu'un temps suffisant s'est écoulé, on vide le bain; on fait égoutter les pièces; on les porte dans une étuve, dont la chaleur fait disparaître en partie l'enveloppe graisseuse qui les recouvre; puis on les passe dans un bain de soude caustique, et un rinçage à l'eau tiède achève de les nettoyer.

Trempés par ce procédé si simple, et d'une application si facile, les objets de verre et de cristal deviennent d'une solidité et d'une dureté qui leur permettent de résister à des secousses violentes. Alors qu'une feuille de verre à vitre ordinaire de $0^m,006$ d'épaisseur est brisée par le choc que produit un poids de 100 gr. tombant d'une hauteur de $0^m,80$, une feuille de verre trempé de $0^m,003$ résiste au choc de ce même poids tombant de 5 mètres de hauteur. En outre, un gobelet à pied, une carafe, un flacon en cristal convenablement trempés, jetés brusquement sur le sol, ne se brisent pas. Ils rebondissent en produisant un son métallique. Enfin ce verre peut être exposé à de grandes variations de température. Le seul inconvénient que le cristal ainsi trempé présente, c'est qu'il ne peut être taillé. Il supporte seulement une gravure très légère. Dès qu'on entame fortement son épiderme, le charme est rompu; il éclate à la façon des *larmes bataviques,* et tombe en morceaux.

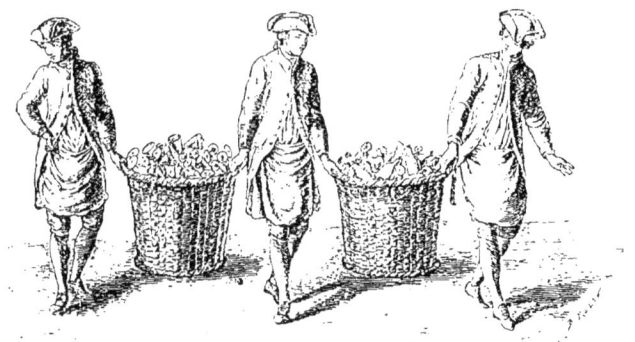

XII

LE COULAGE DES GLACES

« Je ne crois pas qu'il existe dans l'ensemble merveilleux de tous les procédés industriels une opération plus étonnante, » écrit M. Augustin Cochin, en parlant du coulage des glaces [1]. Nous demeurons d'accord avec le savant écrivain que nulle opération ne réclame à la fois plus de force, d'adresse, de courage, et nous ajouterons de décision; mais le mot *étonnant* n'est point ici à sa place; c'est *impressionnant* qu'il faut dire.

L'idée seule du soufflage du verre, dont nous avons décrit, dans nos précédents chapitres, les multiples applications, est autrement faite pour surprendre et pour étonner, que le coulage des glaces de miroir, auquel on peut trouver plus d'un point de ressemblance avec la fonte des métaux. Le soufflage, par contre, est loin de produire une impression aussi grandiose, aussi terrifiante, et qui laisse de la puissance de l'homme un sentiment aussi élevé.

Lorsqu'on pénètre dans les vastes ateliers d'une de nos grandes manufactures de glaces, — ceux de Saint-Gobain par exemple, où l'on a réalisé en moins d'un siècle la plupart des progrès qui ont porté si haut cette noble industrie, — on est de suite frappé par l'aspect majestueux de ces *halls* noirs, enfumés, où le jour pénètre timidement et dont le silence serait absolu sans un sourd ronflement de fournaise, qu'entretient jour et nuit un feu violent, mais captif. Les ouvriers demi-nus qu'on aperçoit immobiles, muets et diversement groupés, ont l'air de soldats qui se reposent dans l'attente d'une bataille décisive, et dès

---

1. *La Manufacture des glaces de Saint-Gobain*, p. 72.

l'abord, on a comme un pressentiment des choses extraordinaires qui vont s'accomplir.

Mais le contremaître qui surveille les fours a constaté, par le *pigeonnier* [1] entr'ouvert, que le mélange contenu dans les creusets est en pleine fusion. Un coup de sifflet strident traverse le *hall*. En un clin d'œil vingt hommes vigoureux, aux épaules robustes, aux bras solidement musclés, ont occupé la place qui leur est assignée, et la manœuvre commence avec une rapidité et une sûreté d'exécution incomparables.

Un fourneau est ouvert. Le pot rempli de lave en fusion et incandescent lui-même est tiré dehors. Saisi par les pinces d'un énorme levier, il est placé sur un chariot ou enlevé en l'air, et suspendu à une voie aérienne que soutient la charpente du *hall*. Il est ainsi entraîné à l'autre bout de la pièce, et conduit, avec une effrayante rapidité, au-dessus de la table de fonte qui doit recevoir son contenu.

A peine arrivé à destination, un nouveau signal retentit. Le creuset s'incline ; la lave brûlante, éblouissante de clarté, faisant rayonner autour d'elle une chaleur intense, s'échappe du vase, tombe en cascade sur la dalle de fonte, où, souple et ductile, elle s'étend comme une vague aveuglante.

Aussitôt qu'elle a couvert la table, un énorme rouleau se met en marche, écrasant la matière, la refoulant devant lui jusqu'aux extrémités de la vaste dalle, lui donnant partout une épaisseur égale, pendant que, d'une main alerte, le *regardeur* écrème, avec une extraordinaire hardiesse, les parties mal liquéfiées qui pourraient produire des défauts. Puis, arrivé au bout de sa course, le rouleau s'élève. La glace qui, au contact de l'air tiède, a pris une certaine con-

---

1. On donne ce nom à une ouverture qui permet de voir à l'intérieur des fours.

sistance, commence à présenter une surface suffisamment rigide pour pouvoir être maniée. Les vingt ouvriers, munis de longues pelles, la soulèvent doucement et la poussent avec précaution dans une fournaise nouvelle, la *carcaise*, où une recuisson destinée à la rendre moins cassante sera suivie d'un refroidissement lent et progressif.

La *carcaise* refermée, l'équipe ne perd pas une minute. Elle retourne aux fourneaux, saisit un nouveau creuset, et recommence l'opération autant de fois qu'il y a de *potées* préparées. Puis, quand toute la matière en fusion a été employée, les creusets sont regarnis. On les replace dans les fours, dont on clôt les portes. Le grand *hall*, un instant auparavant éclairé par des lueurs infernales, redevient noir et sombre; et le silence se refait, troublé seulement par le ronflement sourd et continu de la fournaise.

Les glaces passent environ trois jours dans la *carcaise*. Quand elles sont complètement refroidies, on procède au défournement. Celui-ci s'opère avec une tranquillité et des précautions qui contrastent singulièrement avec l'activité très méthodique, mais passablement enfiévrée, qui avait présidé au coulage. Sans s'aider d'autres appareils que de courroies, une dizaine d'ouvriers tirent de la *carcaise* et dressent ces énormes surfaces d'une fragilité proverbiale. Puis, marchant d'un pas cadencé, ils les portent jusqu'à un grand chevalet nommé le *pupitre*, qui, monté sur des rails, les conduira à l'atelier d'équarrissage. Là elles seront sévèrement examinées, distribuées, équarries, coupées en morceaux de taille courante; après quoi ces morceaux, classés d'après leurs dimensions et leur netteté, seront répartis entre les différents ateliers chargés d'achever le travail.

Il faut, en effet, pour que la glace réponde à toutes les exigences, que son cristal devienne d'une transparence irréprochable; car, devant réfléchir la lumière, il importe que les rayons de celle-ci ne soient arrêtés ou dispersés par aucun défaut extérieur ou intérieur. Il est indispensable, en outre, pour que les images apparaissent avec toute la netteté désirable et sans déformations, que la planimétrie soit d'une rectitude mathématique, et que le poli soit parfait.

Pour obtenir ces multiples résultats, on commence par *dégrossir* les deux surfaces avec une *ferrasse* munie de sable. Puis on les reprend l'une après l'autre à l'émeri, et on les doucit en les frottant contre une autre glace fixe. Après quoi, on les *savonne* et finalement on les polit en les frottant avec des feutres garnis de potée.

Jadis ces diverses opérations s'exécutaient à la main, et nous verrons dans la partie historique de ce manuel[1] que cette condition en limitait singulièrement l'étendue. Aujourd'hui elles ont lieu à l'aide d'appareils assez compliqués, mis en mouvement par la vapeur ou par une force hydraulique. Grâce à eux on peut non seulement lever la glace, l'examiner, la réparer, la travailler, l'achever, la revoir à nouveau et la conduire, quand elle a atteint son point de perfection, au magasin où elle attendra qu'on la prenne pour être étamée et livrée au commerce, mais ils permettent encore d'exécuter des miroirs d'une étendue en quelque sorte illimitée et d'un prix dérisoire, si on le compare à ce que coûtaient les anciennes glaces, si défectueuses à tant d'égards.

Pour achever de donner aux miroirs leur pouvoir réflecteur, on les étame. Cet étamage s'obtenait jadis de la façon suivante : « Sur une table inclinée et entourée de rigoles, on étalait la feuille d'étain bien nettoyée, sur laquelle on versait le mercure. Poussée bien droit par une main légère et rapide, la glace chassait elle-même l'excès de métal, et le mercure pris entre deux s'étendait, adhérait et s'amalgamait en quelques minutes. Mais pendant près de huit jours il fallait que la glace séchât sous des poids lourds

---

[1]. Voir chap. VIII de la seconde partie.

qui achevaient de fixer le tain, et cette perte de temps constituait un inconvénient[1]. »

Ce n'était pas le seul, au surplus, que présentait ce procédé, dont le principal avantage résidait dans la remarquable simplicité de son application. Tout d'abord il était fort coûteux. Le mercure, en effet, est d'un prix élevé, et la préparation de l'étain, qu'il faut battre et laminer, est longue et difficile ; mais, défaut plus grave, les vapeurs mercurielles qui se dégagent au cours de l'opération sont éminemment toxiques et particulièrement dangereuses pour la santé des ouvriers. Aussi les recherches des savants se sont-elles portées de ce côté, et, grâce à plusieurs découvertes assez récentes, on a recours, de nos jours, à des procédés moins nocifs.

La première, comme date, de ces découvertes est celle de Liebeg, qui, en 1835, parvint, en échauffant de l'aldéhyde[2] avec de l'oxyde d'argent, à recouvrir d'une couche métallique et brillante une lame de verre. Mais l'aldéhyde est assez difficile à obtenir et revient également à un prix élevé. Aussi dut-on chercher un moyen moins coûteux, par l'emploi de matières réductrices moins chères. A la suite de longues expériences poursuivies dans ce but, M. Petitjean découvrit, en 1855, que l'étamage des glaces pouvait être obtenu en plaçant en présence de l'acide tartrique, du nitrate d'argent et de l'ammoniaque. Rien de plus curieux que la mise en œuvre de ce nouveau procédé, aujourd'hui couramment employé. Deux liquides limpides et absolument incolores, qu'on prendrait pour de l'eau pure, sont versés sur la glace que l'on veut étamer, et quelques minutes se sont à peine écoulées, que l'argent apparaît et forme une couche qui recouvre bientôt toute la surface. Ajoutons que ce nouvel étamage, en usage dans les plus grandes manufactures

---

1. Augustin Cochin, *la Manufacture des glaces de Saint-Gobain*, p. 81.
2. Nom donné à l'alcool déshydrogéné.

de glaces, offre le double avantage, non seulement d'être exempt de tout danger dans son application, mais encore d'être fort rapide[1].

On pourrait donc le déclarer parfait, s'il ne présentait un inconvénient assez grave. Le tain ainsi obtenu est sujet à s'oxyder et à se couvrir de taches : ce qui n'existait pas avec l'ancien étamage, non plus qu'avec l'amalgame de mercure et d'argent plus récemment mis en pratique par M. Lenoir.

Pour les prix de revient des glaces et des miroirs, aussi bien que pour tout ce qui regarde l'importance actuelle de leur fabrication, nous prions le lecteur de vouloir bien consulter le chapitre VIII de notre seconde partie, spécialement consacrée à l'*histoire de la verrerie,* dont nous allons essayer, dès que nous aurons parlé de la peinture sur verre et de la mise en plomb des vitraux, de retracer au moins les grandes lignes.

1. « Quand on argentera les glaces, écrivait il y a vingt ans M. Augustin Cochin, elles pourront être entièrement fabriquées et livrées au bout de six jours et demi, au lieu de dix-huit jours et un quart. »

XIII

LES VITRAUX. — LA PEINTURE SUR VERRE

Une des professions les plus artistiques qui mettent le verre en œuvre est celle des fabricants de vitraux. Bien que cet art et la peinture sur verre, qui en est le complément naturel, sortent un peu du cadre que nous nous sommes tracé, nous croyons bien faire cependant en leur consacrant ce dernier chapitre.

Il suffit d'avoir contemplé avec soin une verrière [1] pour se rendre un compte assez exact de la façon dont ces sortes de clôtures transparentes sont ordinairement confectionnées. Elles se composent de fragments de vitres de dimensions variées, diversement colorées, découpées suivant un dessin préalablement arrêté, et de manière que les pièces s'emboîtent exactement les unes dans les autres. Puis ces morceaux, réunis comme on pourrait faire pour un *jeu de patience*, sont fixés, au moyen d'un sertissage, dans un réseau formé par des bandes de plomb à double rainure.

Ce genre de travail, on le voit, n'est pas sans offrir quelques traits de ressemblance avec la mosaïque; et à ses débuts, alors qu'il était encore à l'état rudimentaire, le vitrail a été comparé par quelques écrivains spéciaux à une véritable mosaïque de verre. Par la suite, au lieu de se borner à exécuter une brillante marqueterie, les verriers se sont avisés de représenter les sujets les plus variés et même des scènes très compliquées, mettant en action un nombre

---

1. Du XVIe au XVIIe siècle, le mot *verrière*, que nous emploierons souvent au cours de cet article, a été à peu près uniquement en usage non seulement pour désigner les fenêtres vitrées, mais aussi avec la signification de vitrail, seul terme dont on se serve aujourd'hui pour caractériser les œuvres du peintre *verrier*.

assez considérable de personnages, et alors on a pu dire des verrières qu'elles étaient « des tapisseries transparentes [1] ».

Mais, comme ces personnages et les accessoires dont ils sont entourés exigent un certain modelé, on fut naturellement amené à nuancer les teintes plates des verres. Ce résultat fut obtenu à l'aide d'émaux translucides, appliqués sous forme de traits ou de hachures, puis incorporés par un feu doux à la surface de la vitre. Plus tard, ce genre de peinture prenant un développement inattendu, on en vint, par suite des progrès de l'industrie, à exécuter sur des glaces d'un seul morceau des tableaux véritables, répondant, comme les ouvrages à l'huile, aux lois du clair-obscur.

Si nous avons rappelé à cette place ces successives transformations, ce n'est pas pour retracer même succinctement l'histoire du vitrail : ce serait faire double emploi avec le chapitre que nous consacrons à cette histoire dans la seconde partie de ce livre ; c'est uniquement pour mieux faire comprendre ce qui va suivre, et permettre à nos jeunes lecteurs de se faire une idée plus exacte des obligations avec lesquelles les dessinateurs de *cartons* et les peintres verriers sont tenus de compter, dans l'exécution de leurs œuvres.

L'art du vitrail, en effet, est, au point de vue du dessin et de la composition, un art tout spécial, soumis à des règles et comportant une esthétique qui lui sont absolument personnelles. Aussi exige-t-il sinon une éducation particulière, du moins des études approfondies, un certain entraînement et une connaissance des traditions que la plupart des dessinateurs industriels, et même bien des peintres d'histoire, ne possèdent pas d'une façon suffisante.

Le fabricant de vitraux, il est vrai, demande généralement deux maquettes à l'artiste qui lui fournit son modèle :

---

1. « On peut assimiler une verrière rigoureusement décorative à un tapis d'Orient, comme on doit ranger le vitrail de style moins archaïque dans la famille des grandes tapisseries d'origine flamande. » (DIDRON, *Rapport du jury international de 1878*, p. 60.)

l'une à grandeur d'exécution, traitée en grisaille, la seconde beaucoup plus petite, avec des indications de couleurs. Grâce à cette dualité d'épures, il jouit d'une certaine liberté d'interprétation. Cependant il n'est qu'un traducteur, et dès lors il importe que le sujet qu'on lui donne à transporter sur verre, ne soit pas intraduisible. Or, pour que ce résultat soit obtenu, il est indispensable que le peintre se trouve exactement renseigné sur les exigences et les conditions du travail dont il va devenir l'inspirateur.

La plus lourde erreur que l'artiste puisse commettre, en effet, c'est d'exiger que le peintre verrier reproduise, comme on l'a fait dans la première moitié de ce siècle, un tableau peint à l'huile[1]. Il existe entre le tableau et le vitrail un abîme qui ne peut être impunément franchi. Comme l'a fort bien fait remarquer M. Didron[2], le premier est ordinairement exécuté pour être placé près de l'œil du spectateur, l'autre pour être contemplé à une distance toujours assez grande. Dans un tableau, l'intérêt doit se concentrer presque entièrement sur un point, et le peintre d'histoire ou d'intérieur, afin d'obtenir ce résultat, use, sans hésitation, de divers artifices de composition et de dégradation de la lumière, que le peintre verrier ne peut, en aucun cas, se permettre. Les conditions d'éclairage du tableau, en effet, éléments essentiels de sa beauté, constituent, une fois traduites par la peinture sur verre, autant

---

1. A différentes reprises on a pu voir dans nos Expositions de ces fâcheux tours de force. Il nous souvient notamment de portraits de Rubens et de Rembrandt exécutés par Maréchal, de Metz, en un clair-obscur très foncé, et dont le modelé, se détachant sur un fond presque noir, comblait de joie les amateurs inexpérimentés. Bien mieux, il y a cinquante ans, lorsqu'on installa à Sèvres un atelier de vitraux, on eut la malencontreuse idée de faire exécuter par des peintres de la Manufacture, divers tableaux conçus dans ces données illogiques, et notamment une *Assomption de la Vierge* d'après Prudhon. Cette dernière tentative, malgré le talent dépensé, ne fit que mieux établir l'énormité de l'erreur commise.

2. *Rapport du jury international à l'Exposition universelle.*

de contresens criants. Enfin l'éclairage de la pièce, qui, en tout état, doit rester une des préoccupations principales du peintre verrier, se trouve ainsi subordonné à la dose de clair-obscur que celui-ci répand dans sa composition, ce qui est contraire aux règles imprescriptibles de l'art déco-

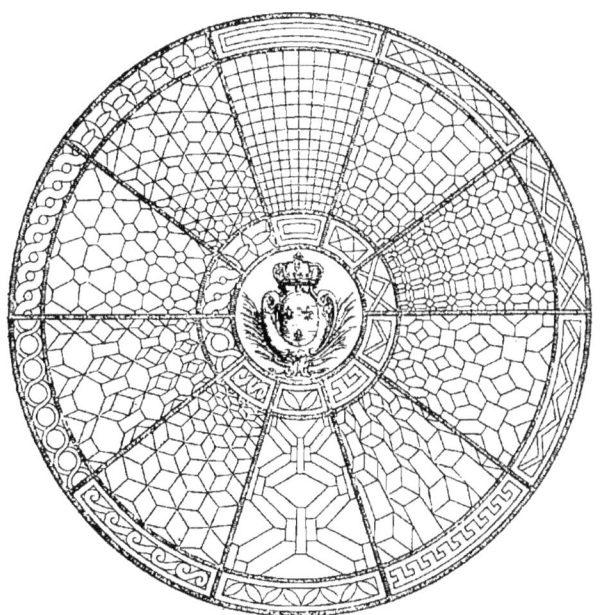

Fig. 49. — La rose du verrier, comprenant les différentes sortes de mise en plomb, d'après Le Vieil.

ratif. Une toile, en outre, peut comporter parfois de grands espaces vides. Une verrière, comme une tapisserie, exige, au contraire, que toute sa surface soit également remplie, sans qu'on ait à craindre que le manque d'air et une égalité d'intérêt (condamnables dans une peinture ordinaire) viennent troubler ici l'œil du spectateur.

En second lieu, il importe de ne jamais oublier que, dans une verrière, la couleur joue un rôle prépondérant. Un peintre peut nous intéresser à la beauté, à la pureté d'une forme par quelques lignes et indépendamment de toute coloration, c'est-à-dire par la plus simple expression de ses qualités intrinsèques. Pareille chose n'est pas au pouvoir du peintre verrier. Comme le dit excellemment M. Chevreul, « la variété des couleurs dans les vitraux est si nécessaire, pour qu'ils produisent le plus grand effet possible, que ceux qui représentent des figures entièrement nues, des édifices, en un mot des objets étendus d'une seule couleur ou peu nuancée, quelle que soit d'ailleurs la perfection de leur exécution sous le rapport du fini et de la vérité de l'imitation, seront d'un effet inférieur à celui des vitraux composés de pièces de couleurs variées et heureusement opposées[1]. »

Un troisième point, qu'il ne faut pas non plus perdre de vue, c'est que l'heureux effet d'une verrière ne dépend pas uniquement du bon choix des couleurs et de leur ingénieux rapprochement. L'intensité de la lumière, les conditions dans lesquelles celle-ci vient frapper le vitrail, sont d'une importance capitale. S'agit-il de garnir une large baie ouverte à la naissance d'une voûte, et donnant vue directement sur le ciel, le problème est tout autre que s'il s'agit d'une fenêtre ouvrant sur une ruelle obscure ou sur une cour bornée par de hautes bâtisses, qu'on a intérêt à masquer.

Le vitrail est donc essentiellement dépendant de la place qu'il doit occuper. C'est cette place qui doit commander, qui doit déterminer ses qualités d'opacité relative ou de transparence.

Pour des raisons analogues, il faut toujours se souvenir que les vitraux, étant exécutés généralement pour de très grandes pièces, sont exposés à être considérés (suivant la place occupée par le visiteur) sous des angles très variés. Dès lors, les compositions dont ils sont meublés, quelque

---

1. *De la Loi du contraste simultané des couleurs*, p. 278.

compliquées qu'elles puissent être, doivent être ramenées, autant que possible, à une unité de plan supprimant les effets de perspective. Et, en effet, du moment que le sujet comporte une perspective un peu compliquée, la parallaxe visuelle risque de produire dans cette perspective des déformations assurément imprévues, mais fort désagréables.

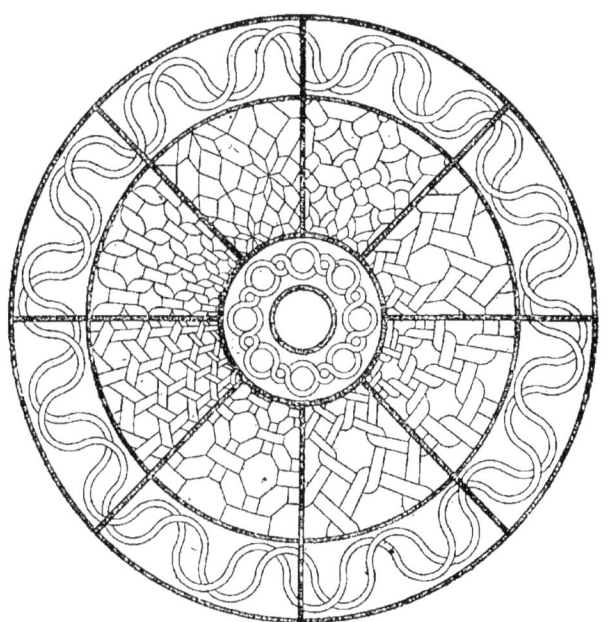

Fig. 50. — La rose du verrier, comprenant les différentes sortes de mise en plomb, d'après Le Vieil.

Au XVIe et au XVIIe siècle, certains peintres de vitraux et même des plus réputés, les frères Wouter et Dick Crabeth notamment, auteurs justement admirés des belles verrières de Gouda, en Hollande, n'ont pas reculé devant ces complications dangereuses. Malgré le talent déployé par ces artistes éminents, le résultat obtenu ne laisse pas que d'être médiocrement heureux; et il suffit de comparer les grandes compositions de Gouda aux vitraux de Sainte-Gudule de Bruxelles, peints par Jean Haeck, ou à ceux de la chapelle de Vincennes, œuvre de J. Cousin, qui, les uns et les autres, conservent, dans leurs parties essentielles, une unité de plan remarquable, pour constater la supériorité de ces derniers, — démonstration non équivoque des inconvénients que présente l'abus de la perspective.

Mais si les scènes compliquées, comportant un grand nombre de plans, ne conviennent pas aux vastes nefs, par contre on peut les utiliser pour les pièces de petites dimensions, parce qu'elles y sont situées toujours près du regard et à la hauteur de l'œil. Les déformations, dans ce cas, ne sont plus à craindre. On peut voir à Saint-Étienne du Mont des vitraux de ce genre exécutés aux premières années du xviie siècle, et qui produisent un agréable effet.

Une dernière erreur, enfin, dont il faut se garder avec soin, c'est de simuler dans des vitraux une architecture se raccordant avec celle de l'édifice. L'architecture, en effet, sous peine de ne pas exister, doit être solide. C'est une de ses conditions essentielles. Or comment demander de la solidité à une chose transparente? sans compter que ces saillies de pierre, représentées généralement en grisaille avec des demi-tons orangés, produisent, ordinairement, une impression triste et monotone. En conséquence, si le dessinateur se voit obligé — soit par la nature de son sujet, soit pour décorer ses fonds et remplir agréablement les vides qui peuvent exister entre ses personnages — de faire intervenir des parties d'architecture sous forme de monuments complets, de façades, de palais, de châteaux, de villes entières, ou même sous l'apparence plus modeste d'arcs, de colonnes, de piliers, etc., il faut que ces parties d'architecture restent clairement indépendantes des grandes lignes de l'édifice, et que, n'ayant rien de commun avec les encadrements ou les meneaux de pierre qui limitent le

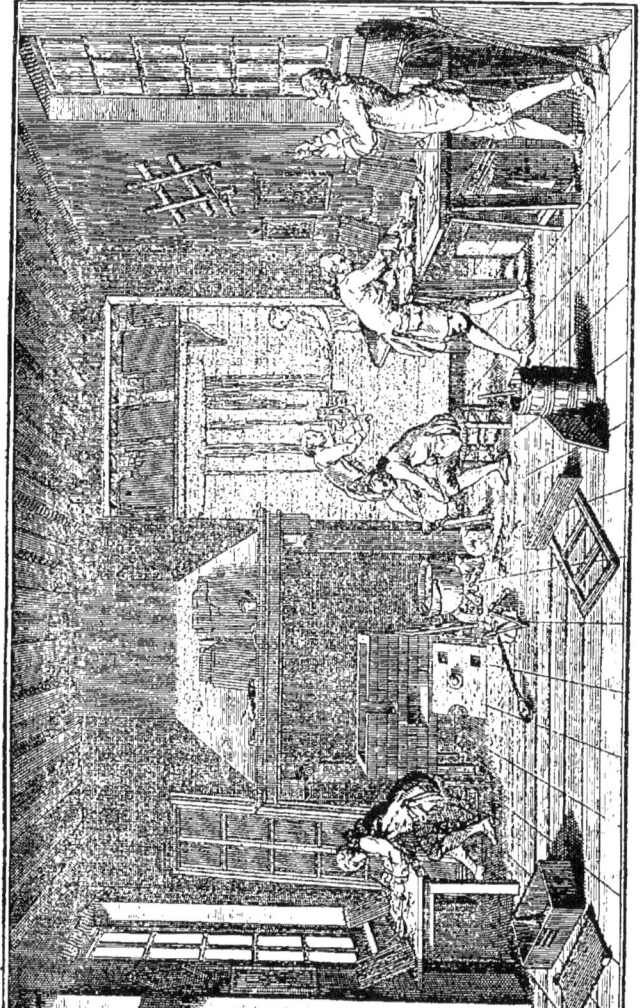

Fig. 51. — Atelier de peintre verrier au XVIIIᵉ siècle, d'après une estampe de De la Gardette.

vitrail, elles conservent un aspect bien franchement conventionnel.

Quant à l'architecture véritable, aux pieds-droits, aux meneaux, aux formettes qui limitent l'ouvrage et l'encadrent, ou qui le partagent en un certain nombre de panneaux juxtaposés, le dessinateur peut en tirer un excellent parti. D'une part, en effet, ils lui servent de repoussoirs et donnent par leurs lignes opaques plus de clarté à ses verres peints, et d'autre part, ils lui permettent de diviser sa composition. Or une verrière, à cause de sa fragilité même, demande à n'être pas trop vaste. Dès que sa superficie dépasse certaines limites, sous le poids des carreaux et des plombs, elle tend à se déformer, et pour l'empêcher de gauchir il la faut soutenir par une armature de fer. Cette armature, toutefois, est d'autant moins capable de rassurer le spectateur, qu'on s'applique davantage à la dissimuler; aussi son œil et son esprit s'inquiètent-ils forcément, en présence d'une trop grande étendue de verre que rien ne vient consolider et maintenir.

Ajoutons que le sujet gagne, lui aussi, à être morcelé. Comme le remarque fort bien M. de Lasteyrie[1], « une des qualités les plus essentielles de la peinture sur verre est la clarté. Il faut que chacun y puisse lire sans peine, et pour cela l'artiste doit par-dessus tout éviter la confusion[2]. » Il est indispensable, en effet, que, du premier coup d'œil, on soit renseigné sur le sujet traité par le peintre, et sur le parti qu'il a voulu en tirer. Car il est à peu près impossible de contempler longtemps un vitrail avec une attention soutenue. La nappe lumineuse qui le traverse, se transmet à notre œil par une série de vibrations qui tendent — sur-

---

1. *Quelques Mots sur la théorie de la peinture sur verre*, p. 33.
2. Chevreul s'exprime presque dans les mêmes termes : « Il faut que les vitraux, écrit-il, présentent un dessin très simple, dont les diverses parties, bien circonscrites, peuvent être vues sans confusion à une grande distance. » (*Ibid.*, p. 279.)

tout lorsque le spectateur est placé à une certaine distance — à produire une confusion entre les parties voisines. Nous aurons, au surplus, occasion de nous occuper de nouveau de cette particularité, quand nous parlerons des plombs qui sertissent les verres.

Étant bien entendu que le dessinateur doit conserver à l'œuvre qu'il exécute son caractère propre, et se garder surtout de ces efforts de virtuosité qui consistent à traduire péniblement en verrières des tableaux d'un genre qui ne saurait convenir, le choix de son sujet, quand il ne lui est pas imposé par l'architecte ou par le propriétaire, n'en demeure pas moins d'une grande importance.

Ce choix est presque toujours déterminé par une cause particulière. Suivant que le vitrail est destiné à un monument religieux ou à un édifice civil, suivant qu'il doit prendre place dans un bâtiment public ou dans une habitation privée, suivant qu'il est isolé ou fait partie d'un ensemble, le motif de décoration varie, naturellement, et aussi la façon de le traduire et de l'interpréter.

Mais, quel que soit le sujet choisi, il faut éviter de le présenter sous une forme douloureuse, cruelle, lamentable. L'art du vitrail, comme celui de la tapisserie[1], est, avant tout, un art somptuaire, par conséquent il s'accorde mal avec l'austérité. Surtout dans les habitations privées, les merveilleuses colorations des verrières, les gammes vibrantes de tons brillants qui filtrent à travers ces vitres richement colorées, doivent constituer une joie pour l'œil, avec laquelle détonnerait forcément tout ce qui rappelle nos humaines misères. Pour ces derniers, au surplus, — j'entends pour les vitraux de nos appartements, — les motifs ne manquent pas. Les armoiries, les chiffres, devises, emblèmes, se détachant sur un jeu de fond; de gracieux et pittoresques personnages, dans le goût de ces lansquenets et de ces

---

1. Voir notre volume sur la *Tapisserie*, p. 48.

nobles dames, qui meublent les vitraux suisses, de petites scènes formant un cartouche central entouré d'arabesques en grisaille, des vases de fleurs, des guirlandes, des oiseaux aux plumages éclatants, etc., sont autant de motifs dont un dessinateur habile peut tirer un heureux parti.

Pour les édifices publics, où les vitraux sont considérés de loin, l'intervention des grandes figures se trouve tout indiquée. Mais les lois générales que nous venons d'esquisser, ne perdent rien de leur opportunité et de leur valeur. Là encore la somptuosité, la splendeur de ces verres transparents qui prennent, au passage des rayons du soleil, l'éclat du rubis, de la topaze, de l'améthyste, du saphir, qui rappellent, en un mot, les gemmes les plus merveilleuses, cette somptuosité, cette splendeur, doivent trouver leur emploi dans la magnificence de la scène représentée et dans son caractère grandiose. A moins de cas tout spéciaux, le sujet choisi doit, encore là, être empreint d'une luxueuse sérénité.

Toutefois, cette sérénité, cette joie des yeux, cette somptuosité, ne sauraient aller jusqu'à inciter le peintre à donner un embonpoint exagéré aux personnages qu'il représente. Ceux-ci au contraire doivent toujours conserver un aspect élancé, voire une certaine maigreur, et cela pour deux raisons : la première, c'est que ces figures sont généralement contemplées en raccourci, et par conséquent ont une tendance à paraître plus trapues qu'elles ne sont en réalité ; la seconde, c'est qu'il semble assez inconvenant que des personnages diaphanes, translucides, jouissent d'un embonpoint par trop matériel. Cette lumière qui les traverse a quelque chose de trop conventionnel pour qu'on songe à leur donner un aspect de réalité trop évidente. Des formes légèrement éthérées conviennent seules à des figures que l'on voit flotter, en quelque sorte, dans la baie d'une fenêtre.

Pour la même raison, il faut se dispenser d'accentuer le

modelé par l'exagération des ombres. Du reste, ce qui importe le plus, c'est d'avoir un dessin bien lisible, des gestes simples, de la sobriété dans la façon dont est coupé le costume. Les tons qui plaisent dans un vitrail sont toujours les tons francs. Au contraire, les demi-teintes, les colorations rompues, les nuances intermédiaires, pro-

Fig. 52. — Peinture sur verre représentant l'écu de France.

duisent généralement un médiocre effet. En outre, il convient d'observer que dans la plupart des vitraux, et surtout dans ceux qui doivent être considérés avec un certain recul, le précieux du modelé, loin de constituer une qualité, nuit à l'effet général. A la distance où se trouve placé le spectateur, non seulement le fini des détails disparaît tout à fait, mais, en se brouillant, il rend la vision d'ensemble moins distincte. Or, comme le remarque fort judicieusement Chevreul, « la première condition que doit remplir tout objet d'art destiné à parler aux yeux, est qu'il s'y présente sans confusion et le plus distinctement possible[1] ».

La seule façon logique d'interpréter un sujet, c'est d'entrer carrément dans la convention. Chercher à créer l'illusion, c'est perdre inutilement son temps. A qui fera-t-on croire que ces personnages, ces attributs, ces vases, ces fleurs translucides, sont autre chose qu'une gracieuse et brillante fiction?

Enfin, il est encore un point qui doit préoccuper le dessinateur. Nous voulons parler de la taille de ses personnages. Cette taille doit être calculée de façon qu'elle fasse valoir les dimensions de la pièce dans laquelle le vitrail se trouve. Et, en effet, ces figures, dont la contemplation s'impose en quelque sorte au visiteur dès son entrée, sont de suite acceptées par lui comme échelle[2]. Si elles sont trop grandes, la fenêtre paraît relativement petite, et, par la comparaison qui s'établit, les proportions de la pièce se trouvent amoindries. Aussi lorsque la baie qu'on se propose de décorer est très vaste, plutôt que de la meubler de figures d'une taille exagérée, qui tendraient à diminuer le reste, il ne faut pas hésiter : à l'instar des maîtres verriers du XIIe et du XIIIe siècle, on doit diviser cette baie en un certain nombre de compartiments, comportant des personnages de taille réduite (voir fig. 53).

Pour les verrières placées à grande distance du regard, il importe que les figures se détachent bien et prennent toute leur valeur. Pour cela, il est indispensable que les fonds soient d'une certaine simplicité. Les plus beaux vitraux, comme effet, sont ceux où les personnages s'enlèvent en couleurs brillantes sur un fond rouge ou bleu très foncé. Ces mosaïques rudimentaires présentent un éclat incomparable. Parfois, quand le champ occupe une vaste étendue, pour éviter la pauvreté on le damasse ou on le

---

1. *Loco cit.*, p. 277.
2. Voir notre volume sur la *Décoration*, prop. XLIII.

charge d'un semis de fleurons formant jeu de fond. Cette ornementation, toutefois, ne convient guère que pour des figures isolées. Pour celles, au contraire, qui sont reliées par une action commune, on est fatalement amené à caractériser et à localiser la scène qu'on représente par un fond de décor, vue de ville, paysage, etc.; mais, dans ce cas, il faut rompre carrément avec les lois de la perspective courante, placer la ligne d'horizon très haut, et, en faisant ainsi plafonner la décoration, ne pas hésiter, comme nous l'avons déjà recommandé, à éparpiller l'attention du spectateur par une égalité d'éclat et de valeurs qui, dans la peinture ordinaire, ne serait certainement pas à sa place. L'observation de ces principes offre ce grand avantage de rendre moins choquantes les déformations dont nous parlons plus haut et qui sont, nous l'avons dit, la conséquence inévitable des différences de point de vue.

Du reste, une règle essentielle de la peinture sur verre, c'est que les lois générales de la décoration trouvent dans l'exécution des vitraux leur application méthodique. Ainsi, toute surface

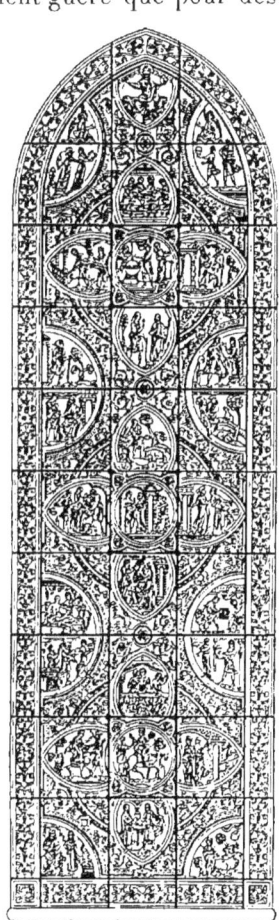

Fig. 53. — Vitrail de la cathédrale de Chartres (XIIIᵉ siècle) représentant l'*Histoire de l'Enfant prodigue*.

ornée appelle dans son voisinage une surface tranquille qui forme *repos*. Par conséquent, si les personnages sont revêtus de riches costumes damassés, parés de joyaux, chargés de broderies, les fonds doivent être, de préférence, unis et simples. Si les vêtements, au contraire, sont simples et unis, les fonds peuvent, sans trop d'inconvénient, présenter une certaine richesse. Rarement, en procédant autrement, on obtient d'heureux résultats[1].

En tout état, soit qu'on damasse, soit qu'on enrichisse de broderies les tissus représentés, encore faut-il que le tout soit fait avec une certaine discrétion. Non seulement on doit éviter de se servir de plombs pour accentuer les contours d'un jeu de fond ou le dessin d'un damas ou d'une broderie, ce qui donnerait la sensation de trous pratiqués dans l'étoffe, mais il faut bien se garder de réchampir ces dessins à l'aide d'une couleur différente, et même d'abuser des hachures, des pointillés, dont le fini, inappréciable à la distance où se trouve le spectateur, nuit à la vision distincte de l'ensemble.

Si l'emploi des plombs est néfaste quand il s'agit de détacher des motifs ornementaux, leur intervention, indispensable pour assurer la solidité du vitrail, est, au contraire, du meilleur effet pour bien marquer la forme d'un objet et le contour d'un personnage, ou les cassures d'une étoffe.

Le serti de plomb qui entoure une figure, a pour résultat de bien caractériser la forme de cette figure, d'en accentuer et d'en faire ressortir la silhouette, et, en arrêtant net la lumière, d'empêcher que, sous l'action d'un rayon intense

---

[1]. Je sais qu'on peut invoquer un certain nombre d'exemples fameux, qui semblent contredire à cette règle. On citera entre autres les admirables verrières de Brou, qui datent d'une excellente époque et qui se trouvent dans ce cas. Mais il n'en demeure pas moins certain que ce sont là des tours de force dangereux et qui, souvent, portent malheur à ceux qui s'en inspirent. Les fonds unis, nous l'avons déjà dit, ont été d'une pratique constante aux plus belles époques ; et quant aux vêtements unis, les plis, les complications si variées des draperies, ajoutés au modelé du corps qu'elles recouvrent et que l'artiste habile laisse toujours deviner, suffisent à rompre la monotonie et l'uniformité qu'on redoute.

de soleil, les contours ne s'embrouillent et ne se perdent dans les surfaces voisines. Les plombs ajoutent donc à la clarté du dessin, et nous avons assez expliqué plus haut, qu'un des premiers mérites des vitraux est que leur dessin soit fermement écrit et facilement visible.

L'intervention des plombs dans le vitrail a, en outre, cet heureux effet — la gamme du peintre verrier étant forcément limitée — d'enlever aux tons juxtaposés leur crudité et d'empêcher certains rapprochements d'être aussi désagréables. La juxtaposition de deux couleurs primitives, un rouge et un bleu, qui, placés à côté l'un de l'autre, ne manqueraient pas de produire une sensation dure et par conséquent déplaisante, gagne à cette séparation de n'être plus, à beaucoup près, aussi choquante.

Mais l'emploi de ces sertissures en plomb demande à être réglé avec beaucoup d'intelligence et de soin. En premier lieu, on ne peut faire un utile usage de ces plombs que quand la tonalité générale du vitrail est suffisamment montée. On comprend aisément que des traits noirs se détachant brutalement sur un fond très transparent, presque diaphane, produiraient une désastreuse impression. En second lieu, les plombs doivent souligner la forme sans jamais la contrarier. Il est facile de se rendre compte, par exemple, qu'une bande obscure venant couper un visage et le diviser en deux parties, donnerait naissance à une sensation désagréable. Enfin, il faut que le réseau formé par ces plombs dans l'épaisseur de la verrière, constitue, autant que possible, un dessin agréable et plaisant à l'œil.

C'est le propre, au surplus, des artistes d'une réelle valeur de faire servir les nécessités mêmes de leur art à sa perfection, et de transformer les obstacles avec lesquels ils doivent compter, en moyens de décoration qui concourent à la beauté de l'ouvrage. Rien ne prouve mieux la vérité de cet axiome que l'emploi des plombs dans le vitrail.

On sait, en effet, que c'est uniquement à la difficulté de se procurer de grandes surfaces de verre, qu'il faut attribuer la fragmentation des verrières anciennes. Il est du moins probable que si les peintres verriers du XIIe et du XIIIe siècle avaient eu à leur disposition des glaces comme celles couramment obtenues de nos jours, ils n'auraient pas eu l'idée du morcellement, et se seraient efforcés de représenter sur des verres d'un seul morceau les scènes dont ils décoraient leurs vitraux. Toutefois, se trouvant dans l'impossibilité de se procurer de grandes surfaces, ils durent recourir, non seulement pour leurs verrières les plus belles, mais même pour la garniture en verre uni des plus modestes fenêtres, à la composition de véritables mosaïques. Et ces mosaïques furent combinées d'une façon tellement ingénieuse, qu'aujourd'hui où les grandes lames de verre sont devenues extrêmement communes, nos vitriers ont encore recours, pour la décoration de certaines baies, au découpage du verre en fragments réduits et aux combinaisons imaginées par ces grands artistes.

Tous les motifs de verrières que nous donnons dans nos figures 54 à 77, empruntés au précieux ouvrage de Le Vieil[1], la *pièce carrée*, le *losange*, la *borne simple en pièces carrées*, la *borne simple couchée*, le *dez à la table d'attente*, le *guillotin*, la *façon à la reine*, le *chênon debout*, le *chênon renversé*, etc., aussi bien que ceux dont est composée la double rose du vitrier, tous ces motifs, vieux de plusieurs siècles, sont devenus classiques et, sous leurs anciens noms ou sous d'autres appellations, sont demeurés d'un constant usage.

Dans l'exécution des vitraux peints, le rôle joué par les plombs n'est pas moins important; et, de nécessité technique qu'ils étaient dans le principe, ils sont devenus une nécessité artistique en quelque sorte, si bien qu'il semble malaisé de pouvoir s'en passer. Non seulement, quand ils

---

[1]. *L'Art de la peinture sur verre et de la vitrerie*; Paris, 1754.

LA VERRERIE 117

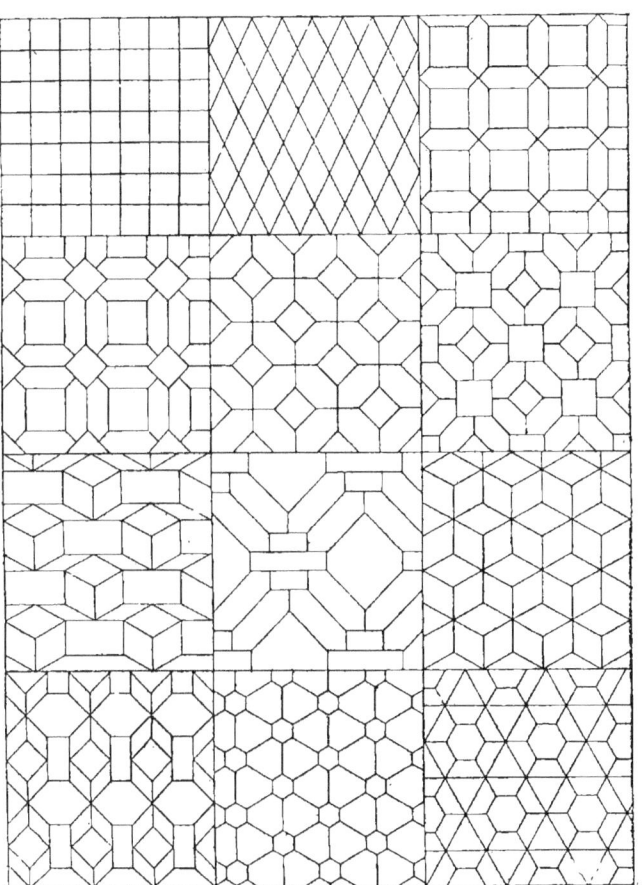

Fig. 54 à 65. — Modèles de mise en plomb.

54, pièces carrées ; 55, losanges ; 56, bornes simples ; 57, bornes doubles ; 58, bornes simples couchées ; 59, bornes doubles couchées ; 60, dés à table d'attente ; 61, doubles bornes et tranchoirs pointus ; 62, dés simples ; 63, guillotins ; 64, façon de la reine ; 65, roses de Lyon.

sont habilement disposés, ils rendent le dessin plus clair et plus lisible, mais encore, ne craignons pas de nous répéter et d'insister sur ce point, ils empêchent que les vibrations de la nappe de lumière qui traverse le vitrail et en transmet à notre œil les couleurs, ne mêle ces couleurs de façon à confondre les teintes voisines.

Un exemple fera mieux comprendre l'importance de ce dernier avantage. Il y a quelque quarante ans, lorsqu'on répara les vitraux de la collégiale de Saint-Denis, on eut à reproduire l'écu de France, d'azur aux fleurs de lis d'or (voir fig. 52). Dans les vitraux anciens, les fleurs de lis sont faites de verre jaune réchampi de noir et insérées dans un verre bleu, où elles sont maintenues par un serti de plomb. Le verrier chargé du travail de restauration crut bien faire en employant une pièce de verre bleu doublé, dont il enleva la couleur aux places que devaient occuper les fleurs de lis, et qu'il réchampit à ces mêmes places, avec un émail jaune. De près, l'effet était agréable. Mais lorsque le vitrail fut mis à une certaine hauteur, il se produisit ce phénomène bizarre que le jaune et le bleu, mélangés sur leurs bords par les vibrations lumineuses, donnaient à l'œil la sensation d'un vert assez intense pour que la partie centrale prît une teinte rose, couleur complémentaire du vert [1].

Ajoutons que cette intervention des plombs, imposée dans le principe par des exigences purement techniques, offre encore un autre avantage, dont les verriers du XIIe et du XIIIe siècle surent tirer un parti merveilleux. Elle permet d'employer dans un même vitrail des verres d'épaisseurs très différentes. Or les tons francs qu'on remarque dans les anciennes verrières, proviennent en grande partie de cette différence d'épaisseur; alors que leur éclat vibrant est parfois le résultat des imperfections mêmes de la fabrication ancienne, que nos verres actuels, mieux faits, traités

---

1. Voir ce que nous disons dans notre volume de la *Décoration*, prop. LXVIII sur les couleurs complémentaires.

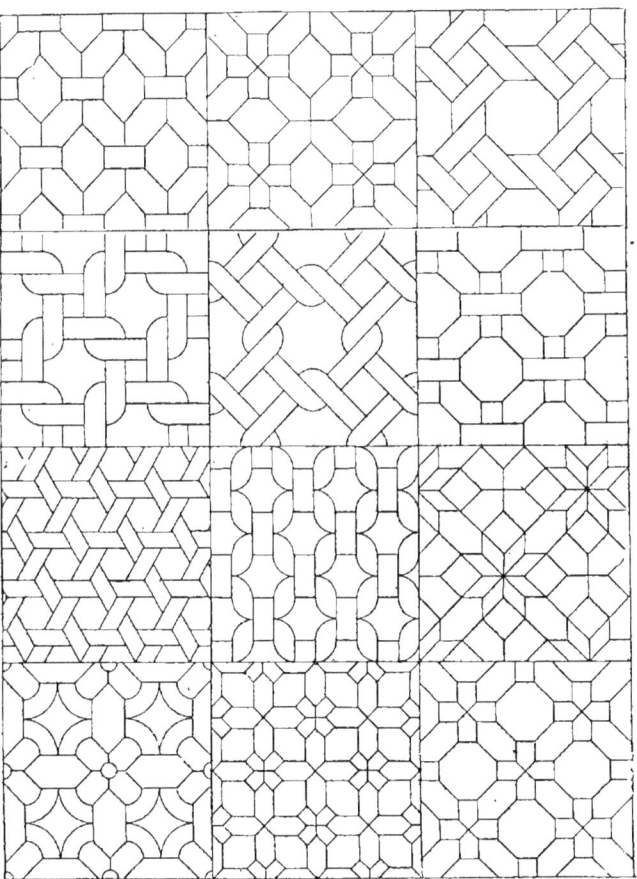

Fig. 66 à 77. — Modèles de mise en plomb.

66, bornes couchées au tranchoir pointu; 67, bornes couchées à tranchoir et table d'attente; 68, bâton rompu au tranchoir à huit pans; 69, chénon debout; 70, chénon en losange; 71, tranchoirs à table d'attente; 72, bâtons rompus; 73, tranchoirs à doubles tringlette; 74, molettes d'éperons; 75, moulinets à tranchoirs évidés; 76, moulinets à tranchoirs pointus; 77, moulinets au tranchoir à huit pans.

avec plus de soin, d'une exécution plus régulière, ne sauraient remplacer.

Ainsi, la perfection même de la production contemporaine est un obstacle avec lequel nos peintres verriers sont tenus de compter; tant il est vrai que, dans les *Arts de l'ameublement,* la beauté du résultat n'est nullement en rapport avec les progrès réalisés par l'industrie.

Si les tons francs, précis, vigoureux, conviennent aux vitraux de grandes dimensions et placés loin du regard, il n'en est pas de même pour ceux qui décorent nos pièces d'habitation et doivent être considérés de près. La perception de puissantes harmonies réclame, en effet, un recul assez grand. Pour les vitraux proches de l'œil, la finesse d'exécution, la précision et la grâce du détail doivent remplacer l'ampleur d'aspect. Cela est si vrai que les grisailles, dont l'effet dans les grandes verrières est presque toujours fâcheux, sont employées avec beaucoup de bonheur dans les vitraux d'appartement. La Renaissance nous en fournit la preuve dans cette suite de gracieuses arabesques qui ornaient autrefois les châteaux d'Écouen et de Chantilly [1], et dans ces curieuses petites verrières qu'on désigne sous le nom générique de *vitraux suisses.*

Ces vitraux, dont la décoration consiste en d'ingénieux entrelacs ou en lacis combinés d'une façon symétrique, et dont le contour est souligné par un trait noir ou par le plomb lui-même, peuvent être heureusement associés à des cartouches enveloppant de petites scènes, des personnages, des armoiries de couleurs variées, dont l'exécution réclame un soin d'autant plus grand que, par suite de leur position en pleine lumière, aucun de leurs détails n'échappe à la vue.

Pour atténuer un peu ce que le jour qui les traverse a de trop intense, il importe que le verre sur lequel ces vi-

---

1. Actuellement au musée de Cluny et au château de Chantilly.

traux d'appartement sont peints ne soit jamais trop blanc. Une teinte verdâtre, réduisant l'éclat trop vif de la lumière, produit généralement un bon effet. Parfois même un glacis, une légère couverte, peuvent être jugés nécessaires. Pour adoucir la transition du noir et du blanc, on peut aussi rompre le ton qui sert à exécuter la grisaille en le mélangeant de brun et de roux; sans compter que, dans les parties d'ornement, quelques rehauts de jaune font un excellent effet, et, variant l'aspect, donnent aux reliefs apparents une agréable souplesse. Cette introduction de couleurs mixtes permet, en outre, d'obtenir un certain modelé sans trop recourir aux hachures, qu'il ne faut employer dans ces petits ouvrages qu'avec ménagement.

La disposition des plombs, elle aussi, réclame dans les grisailles une intelligence spéciale. Le peintre qui compose le carton doit bien se pénétrer des difficultés que présente toujours la mise en plomb de contours compliqués. Les pièces où se trouvent de nombreuses anfractuosités sont particulièrement difficiles à monter; et quoiqu'on soit parvenu à exécuter, de tout temps, de véritables tours de force en ce genre, encore le travail, quelque habilement traité qu'il soit, est-il dans ce cas beaucoup plus dispendieux et surtout moins solide.

L'artiste doit donc réduire l'intervention de ses plombs au strict nécessaire. Il doit, en outre, leur faire suivre les contours de l'ornementation dans les parties où l'ombre porte, et qui par conséquent sont les plus obscures. Son habileté consiste à atténuer le contraste de ces traits opaques et durs avec la pâleur relative de la grisaille et la transparence du verre.

Si les plombs jouent un rôle important dans la disposition générale des vitraux, l'armature, bien qu'elle doive rentrer plutôt dans la spécialité du serrurier que dans celle du peintre verrier, a aussi son importance. Et à notre époque cette importance est même d'autant plus grande, que nos fenêtres modernes, ne comportant qu'une seule baie, réclament un travail de consolidation capable de remplacer les meneaux anciens.

Cette fonction est remplie par des tringles de fer qui, liées aux plombs par de petites attaches, servent à maintenir l'ouvrage. Il n'est pas besoin de beaucoup insister pour faire comprendre que ces tringles, formant autant de traits noirs qui coupent la composition horizontalement, peuvent produire un détestable effet. On conçoit qu'une ligne sombre traversant un visage à la hauteur des yeux ou de la bouche en dénature l'expression. Par suite, le peintre doit apporter la plus grande attention au placement de ses tringles de fer. Il doit prévoir à l'avance les exigences que présentera la construction du cadre dans lequel il se propose de faire tenir sa composition ; et, quand la nécessité l'oblige, pour la solidité de son travail, à faire passer une barre en une place où elle produirait une impression fâcheuse, il doit la faire contourner au-dessus ou au-dessous de la figure qu'il tient à ménager.

Enfin il est une dernière condition dont tout décorateur expérimenté ne manquera pas de tenir grand compte : c'est la coloration que les rayons colorés traversant des vitraux produisent sur les meubles et les tentures. Il est clair qu'une tapisserie de haute lice recevant directement la lumière d'une verrière perd toute l'harmonie de ses couleurs. C'est ce qui faisait dire à Chevreul que lorsqu'il s'agit de mettre des vitraux à une fenêtre, « il est convenable, non seulement d'avoir égard à leur beauté, mais encore à l'effet que les lumières colorées qu'ils transmettent auront sur les objets qu'ils doivent éclairer ».

LA VERRERIE

DEUXIÈME PARTIE

RÉSUMÉ HISTORIQUE

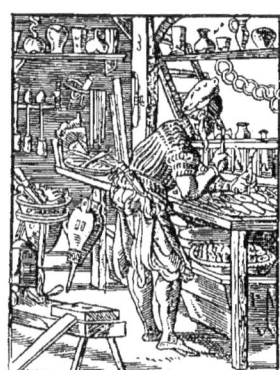

Fig. 78. — Fabricant de vitraux,
d'après Joost Amman.

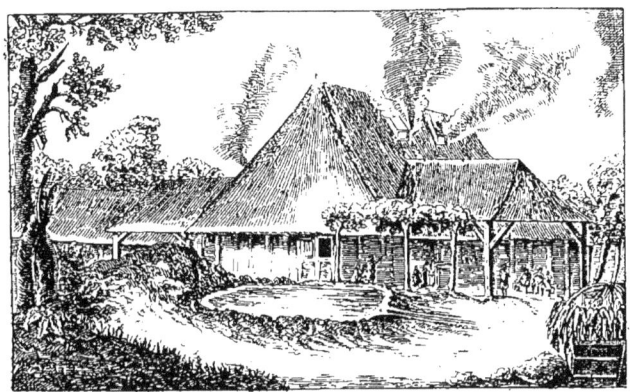

Fig. 79. — Une ancienne verrerie, d'après une estampe de Radel.

I

LA VERRERIE EN ÉGYPTE, EN GRÈCE ET A ROME

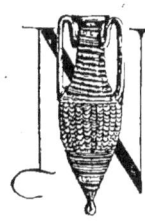ous avons dit, aux premières pages de ce livre, que les origines extrêmement anciennes de la Verrerie se perdent dans les ténèbres de l'histoire. Les textes les plus anciens où l'on croit découvrir la mention de cette précieuse matière, ne sont rien moins qu'affirmatifs. Ils ont fourni aux exégètes l'occasion de discussions assurément magistrales, mais fort peu concluantes. La substance dont il est parlé au chapitre XXVIII du *Livre de Job,* comme pouvant seule, avec l'or, donner une idée du prix qu'il faut attacher à la sagesse, est-elle, ainsi que l'ont pensé certains commentateurs, le verre obtenu par la fusion du sable et de l'argile? Faut-il, au contraire, voir dans le mot hébreu l'équivalent du cristal de roche, de l'hyacinthe, du diamant, comme l'ont cru d'autres

savants? C'est là un problème dont nous abandonnons la solution à de plus érudits[1].

Que les Hébreux aient connu et apprécié le verre, il ne faut pas s'en montrer surpris. Durant leur captivité en Égypte et plus tard par suite de leurs rapports avec les Phéniciens, ils se trouvèrent en relations directes avec les deux nations auxquelles on attribue la découverte de cette merveilleuse matière. Pline vante l'habileté des verriers de Sidon. Hérodote parle avec admiration d'une colonne de verre qui ornait à Tyr le temple d'Hercule, et dont l'éclat égalait celui de l'émeraude. Quant aux Égyptiens, si l'on en croit d'autres auteurs[2], ils étaient, comme verriers, très supérieurs aux Sidoniens, et la première fabrique de verre par ordre chronologique aurait été établie à Diospolis, capitale de la Thébaïde. Le certain, c'est que, suivant la remarque fort juste de M. Gerspach[3], « aucun témoignage ne peut être opposé jusqu'à présent aux souffleurs de verre des hypogées de Beni-Hassan ». Ces artisans, saisis sur le vif, reproduits dans l'exercice de leurs fonctions, sont, en effet, le plus ancien document graphique qu'on possède sur la fabrication qui nous occupe. S'il fallait ajouter foi à certaines affirmations, ces primitifs verriers auraient même confectionné de très grands ouvrages, et notamment des sarcophages de verre. Le Vieil[4], du moins, prétend, d'après Suétone et Strabon, qu'Auguste, « étant en Égypte, se fit

---

1. L'Anglais Christophe Merret, qui paraît avoir été un linguiste au moins aussi distingué qu'un habile chimiste, dans le préambule qu'il plaça en tête de l'ouvrage de Néri (voir *l'Art de la verrerie*; Paris, 1752, p. xxvi), passe en revue tous les textes qui peuvent éclairer cette question très controversée. Les lecteurs curieux trouveront dans cette savante dissertation des éléments d'information très complets, mais qui, par leur étendue même et leur complexité, sortent du cadre que nous nous sommes tracé.

2. Voir notamment : de Paw, *Recherches philosophiques*, p. 304, et Boudet, *l'Art de la verrerie né en Égypte*; Paris, 1825.

3. *L'Art de la verrerie*, p. 14.

4. *Art de la peinture sur verre*, p. 4.

présenter le corps d'Alexandre le Grand dans une châsse de verre, dans laquelle Séleucus Eubiosactes l'avait placé ».

La part qui revient à la vérité, dans ces vénérables récits, est assez difficile à établir ; l'exagération y tient trop souvent une place considérable, surtout quand il s'agit de substances précieuses, rares ou seulement peu connues. Mais le seul fait que le verre soit mentionné à ces époques si lointaines, prouve qu'il existait, et, pour ce qui est au moins des Égyptiens, nous avons mieux que des récits. Nous possédons un certain nombre de vases de sacrifice

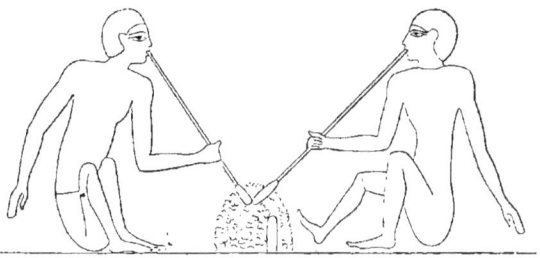

Fig. 81. — Verriers égyptiens, d'après les peintures de Beni-Hassan.

en verre, découverts dans les fouilles du temple de Karnac à Thèbes, et l'on peut voir au Cabinet des médailles plusieurs pièces donnant une idée très favorable de l'habileté avec laquelle les riverains du Nil surent combiner les pâtes de verre et les émaux de couleurs, alors que le joli flacon en forme de lotus que possède le Louvre, et les nombreux grains de collier que l'on voit dans les collections publiques et privées, montrent que ces habiles artistes savaient fondre les verres de couleur et les souder de façon à former des vases, aux nuances diaprées.

Enfin, n'oublions pas qu'on a retrouvé en Égypte des fours de verrerie, ensevelis sous les sables qui depuis plusieurs milliers d'années recouvrent l'ancienne vallée des Lacs. Par conséquent, il y a cinq mille ans, sur la terre des

Pharaons cette noble industrie était en pleine activité[1]. Bien mieux, « le soufflage du verre y était pratiqué, et la *canne,* l'instrument fondamental du travail des verriers, transmise d'âge en âge sans modifications, était déjà d'usage à cette époque reculée, ainsi que l'attestent les peintures des hypogées de Beni-Hassan[2] ».

D'Égypte et de Phénicie, l'art de la vitrification passa en Grèce. Malheureusement, c'est à quelques citations d'Aristophane et d'Aristote, que se borne ce que nous savons de la verrerie grecque avant l'ère chrétienne. Mais lorsque de Grèce cette belle industrie fut importée en Italie, elle était déjà en possession de la plupart de ses formules et maîtresse de ses principaux secrets. Depuis plusieurs siècles, en effet, on savait, en Europe, non seulement souffler le verre, en former des flacons, des coupes, des vases de toutes sortes, mais le teindre en pâte, le colorer et imiter ainsi les pierres précieuses, le couler en masses assez épaisses pour faire des colonnes, le peindre et le décorer avec des émaux translucides, et réunir par l'action du feu des couches superposées dans lesquelles on pouvait tailler de véritables bas-reliefs, rappelant les camées de pierres dures.

Les historiens, toutefois, prétendent que cette importation dans la péninsule fut assez tardive. Selon eux, il la faudrait placer à l'époque de Cicéron, c'est-à-dire à la suite des grandes conquêtes asiatiques qui firent affluer à Rome tant d'artistes et d'ouvriers d'art. A ce compte, on devrait porter à l'actif de l'importation phénicienne les verres assez nombreux trouvés dans les sépultures étrusques. Toujours est-il que, sous les empereurs, la fabrication du verre avait pris un tel essor que cette matière put être employée dans la décoration architecturale. Pline cite l'amphithéâtre de Scaurus, comme un des premiers monuments où le verre

1. Boudet, *Notice historique sur l'art de la verrerie en Égypte.*
2. A. de Girancourt, *Nouvelle Étude sur la verrerie,* p. 14.

figura sur une grande échelle. Sénèque dit que de son temps un citoyen se regardait comme bien pauvre, si le plafond de sa maison n'était pas décoré de plaques de verre. Les pâtes vitrifiées, teintes de diverses couleurs et divisées en petits cubes, étaient, en outre, adaptées sous forme de mosaïque à l'ornementation des édifices. Plusieurs fontaines découvertes à Pompéi, la voûte d'un crypto-portique de

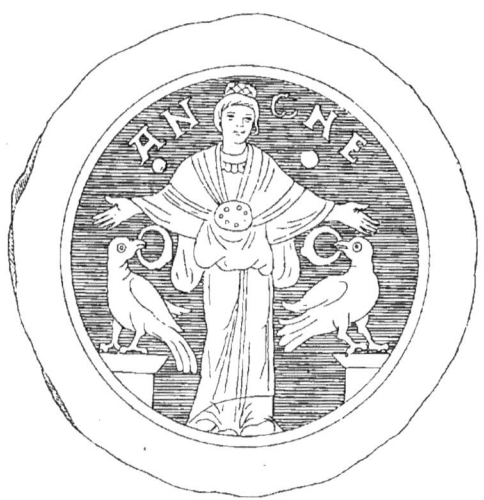

Fig. 82. — Coupe orbiculaire trouvée dans les catacombes.

la villa Adriana, etc., suffiraient pour attester que la mise en œuvre du verre dans la décoration murale était en usage jusque chez les particuliers, alors même que Suétone, Vopiscus et Stace n'auraient pas pris soin de nous informer que la chambre à coucher d'Horace, la maison de Firmus et les bains d'Étruscus étaient enrichis de revêtements en verre peint, remplaçant les revêtements de marbre.

Quant à la fabrication des vases, à ce que nous appelons la gobeleterie, dès le règne de Gallien, elle était si répandue, ses produits étaient devenus si communs, que

Trebellius Pollion, dans la *Vie* de ce prince, dit que l'empereur s'en dégoûta comme d'une matière trop abjecte, et ne voulut plus boire que dans des vases d'or. Vers cette époque, s'il faut en croire M. Raoul Rochette, les *vitrarii* auraient constitué une sorte de corporation, et Le Vieil constate qu'à partir de l'avènement de Constantin ces artisans — faveur insigne — furent exemptés de toutes charges

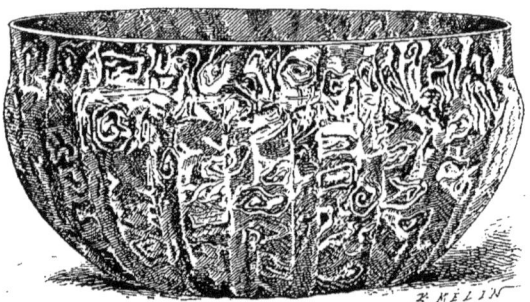

Fig. 83. — Vase antique en verre jaspé.

et impôts publics, « exemple qui fut suivi, ajoute-t-il, par Théodose le Grand et par tous ses successeurs, et même par nos rois, qui y ajoutèrent les plus grands privilèges. »

Quels étaient les principaux ouvrages de ces habiles artistes? A quel procédé avaient-ils recours pour la décoration de leurs vases? C'est ce qu'il nous est assez facile de savoir, car les spécimens de verrerie datant de ce temps lointain sont relativement abondants. Les plus nombreux proviennent de tombeaux. Ce sont des vases funéraires à col étroit, destinés à recevoir les pleurs des survivants, et qu'on nommait à cause de cela *lacrymatoria*. Puis viennent des urnes, où l'on conservait les ossements et les cendres; des perles, des cabochons ayant servi à la parure. On possède en outre un nombre assez considérable de fioles, de flacons, de bouteilles. Il faut mentionner aussi quelques verres à boire très variés de formes et de décor, et surtout ces coupes montées sur un pied, et si fragiles qu'on les qualifiait *calices audaces,* « verres audacieux ».

À côté de ces échantillons de la gobeleterie antique, transparents, incolores, et que les siècles ont habillés d'une gracieuse enveloppe irisée, on fabriquait des verres teints en pâte, imitant l'hyacinthe et le saphir. Tels étaient peut-être ces vases murrhins[1] dont la renommée est demeurée presque fabuleuse. Tels étaient certainement les pièces d'échiquier en verre fondu, les dés à jouer dont parlent les poètes, et ces coupes qu'on jurerait taillées dans une agate (fig. 83). Telles étaient encore ces pierres fausses, parfois

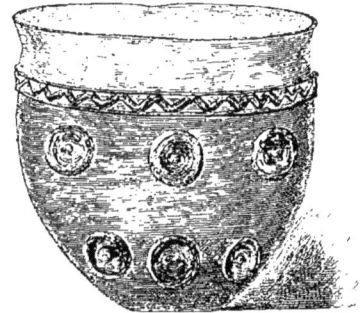

Fig. 84. — Urne antique décorée en relief.

si bien imitées que les impératrices elles-mêmes, si nous en croyons Pétrone et Trebellius Pollion, s'y laissaient tromper.

D'autres fois la pièce était revêtue de dessins plus ou moins compliqués à l'aide d'émaux porphyrisés, c'est-à-dire réduits en poudre impalpable, mêlés à des fondants, puis appliqués au pinceau et amalgamés ensuite au verre par un feu violent. Mais les ouvrages les plus extraordinaires que l'Antiquité nous ait légués sont peut-être ces coupes, ces aiguières, ces tasses orbiculaires, retrouvées en grand nombre dans les catacombes, et dont le fond présente cette particularité, qu'il est décoré de feuilles d'or insérées dans l'intérieur de la masse et ornées de gravures incisées à la

---

1. On ne sait au juste quelle était la composition de ces vases, qui atteignirent à Rome des prix invraisemblables. On a pensé qu'ils pouvaient être de porcelaine. À ce propos, nous parlons d'eux dans celui de nos petits volumes qui traite de l'*Histoire de la céramique.*

pointe (fig. 82). Ces pièces, dont la fabrication est demeurée pendant des siècles une sorte de mystère, n'ont été reproduites qu'en ces dernières années, à Murano, sous le nom de *vases chrétiens*, et l'on n'a pas oublié le vif succès qu'elles obtinrent à l'Exposition de 1878. Si, au point de vue purement décoratif, elles attestent bien plus la dévotion de leurs auteurs qu'une éducation artistique supérieure, elles prouvent du moins que les verriers, à cette époque, étaient maîtres de leur art, alors que certains objets taillés dans la masse, comme le merveilleux vase de Portland dont nous parlons dans notre première partie (page 59) et dont nous donnons ici même une reproduction, démontrent qu'ils ne reculaient devant aucune difficulté. Ils n'hésitaient pas, en effet, à se servir de la roue et du touret pour tailler le verre, avec le même soin et la même habileté qu'ils apportaient à creuser leurs intailles et à inciser leurs camées de pierres dures.

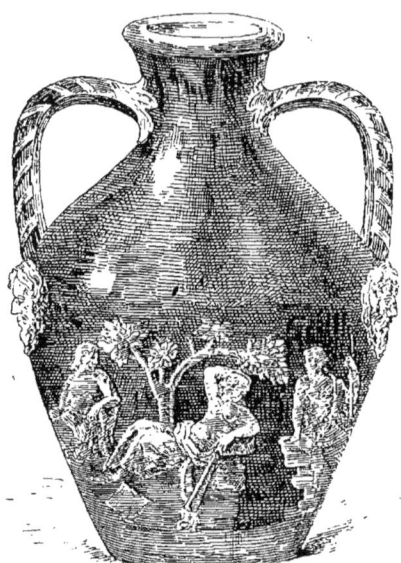

Fig. 85. — Vase dit de Portland.

Un seul point, concernant l'existence de cette brillante industrie durant la période romaine, reste controversé. Les Anciens appliquèrent-ils le verre à la clôture des baies? En firent-ils usage en tant que vitres? Si l'on ne consultait que les probabilités, on serait tenté de conclure pour l'affirmative. Des patriciens si amoureux du luxe et du confort, des hommes si outrageusement riches, si fastueux, si prodigues et si follement dépensiers que le furent quelques personnages consulaires et certains empereurs, durent certainement deviner le parti merveilleux qu'on pouvait tirer de ces lames transparentes, et ne pas reculer devant les sacrifices que cette nouveauté pouvait nécessiter. Cependant aucun texte irréfutable, aucune preuve absolument certaine n'est venue mettre d'accord les savants qui se sont occupés de cette intéressante question ; et l'on a vu récemment, à propos de la *Théodora* de M. Sardou, cette dispute, vieille d'un siècle et demi, reprendre avec d'autant plus d'âpreté, qu'aucun des arguments produits ne pouvait paraître décisif.

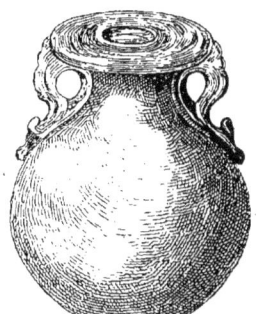

Fig. 86. — *Lacrymatorium*.

II

LA VERRERIE EN GAULE

Pline nous apprend que de son temps l'art de la verrerie était déjà en honneur dans les Gaules; et le grand nombre de spécimens de verres antiques découverts dans les tombeaux gallo-romains, aussi bien que les multiples fragments recueillis sur l'emplacement de villas détruites au IIe et au IIIe siècle de notre ère, établissent que cette belle industrie était répandue sur toute l'étendue de notre territoire. Il s'est trouvé même, contrairement à ce qui se produit généralement, que des fouilles exécutées dans certaines localités ont livré des débris de verrerie plus abondants que les fragments de céramique; ce qui semblerait établir qu'il était plus facile alors de se procurer des récipients de verre, que des ustensiles de poterie.

Une des plus amples moissons de ce genre provient d'un tombeau de femme découvert dans le Poitou, à Saint-Médard-des-Prés. Ce tombeau, datant du IIIe siècle, renfermait près de quatre-vingts objets en verre, dont notre ami regretté, M. Benjamin Fillon, a donné la description détaillée[1]. Nombre d'autres sépultures, contemporaines des Antonins, sans être aussi abondamment pourvues, ont fourni non seulement une quantité considérable de spécimens variés de l'industrie verrière dans l'ancienne Gaule, mais encore des échantillons qui, au point de vue de l'art, présentent une valeur exceptionnelle.

Parmi ces ouvrages particulièrement précieux, une mention spéciale est due au beau vase de Strasbourg. Ce vase porte en lettres émaillées le nom de Maximianus Augustus,

---

1. Voir *Poitou et Vendée*, art. FONTENAY-LE-COMTE.

inscription qui, selon M. Schweighauser[1], doit désigner l'empereur Maximilien Hercule, né en Pannonie vers l'an 250, mort à Marseille en 310, et qui séjourna longtemps dans les Gaules.

Ce vase est ce que nous appelons réticulé. Il est enveloppé d'un réseau en verre rouge du travail le plus délicat. Un autre vase non moins curieux, gobelet de forme cylindrique en verre, d'un beau jaune clair, a été découvert au Cormier, village de la commune de Chavagnes-en-Pailler (Vendée), dans la tombe d'un gladiateur. Ce gobelet, entouré d'une frise où se déroule un combat (voir fig. 88 à 90), ne montre pas moins de huit personnages, avec leurs noms en relief au dessus de chacun d'eux. Des gobelets du même genre ont été trouvés près de Chambéry, à Autun, à Trouville-en-Caux, etc. Les scènes qui les ornent sont généralement empruntées aux jeux du cirque, et rappellent les hauts faits de gladiateurs et d'Automédons chers au public, ou célèbres par leur adresse ou leur courage.

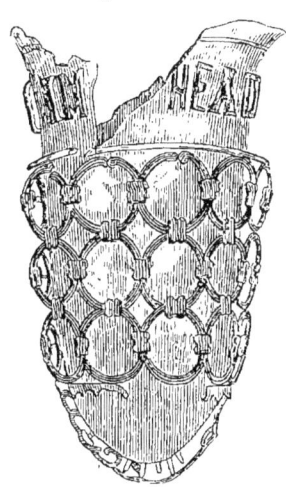

Fig. 87. — Vase réticulé, dit de Strasbourg.

Ces curieuses verreries, qui remontent du 1er au IIe siècle de notre ère, ont-elles été fabriquées dans les lieux mêmes où elles ont été découvertes ? Doit-on au contraire les ranger parmi ces articles d'importation, parmi ces ouvrages de valeur que les riches Romains faisaient venir d'Italie ? Les deux hypothèses ont trouvé des partisans, et

1. *Notice sur quelques monuments gallo-romains du département du Bas-Rhin*, dans les *Mémoires de la Société des antiquaires de France* (t. XVI, p 99)

nous laissons à de plus savants le soin de trancher ce grave débat. Pour d'autres vases également moulés, et qui offrent de curieux reliefs ou présentent une forme singulière, comme le petit vase se terminant en tête d'enfant que possède le musée de Niort, ou encore le vase figurant une grappe de raisin du musée de Poitiers, il ne saurait y avoir de doute. Leur fabrication est bien gallo-romaine. A plus forte raison en est-il de même pour les verreries plus com-

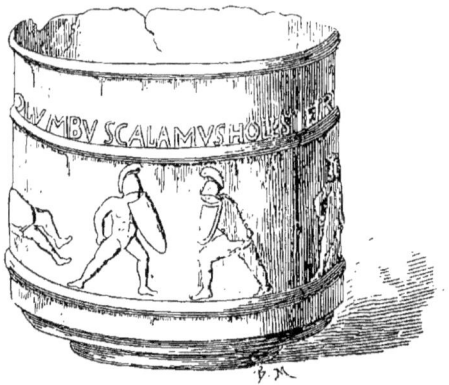

Fig. 88. — Gobelet en verre moulé, représentant un combat de gladiateurs, trouvé au Cormier (Vendée).

munes. Leur abondance même et la multiplicité des formes qu'elles revêtent, prouvent les nombreux usages auxquels elles servaient, et subsidiairement leur peu de valeur. Or, à défaut de tout autre indice, leur bas prix suffirait à attester leur fabrication autochtone.

Les verreries établies sur notre sol ne cessèrent pas de produire après l'invasion des Francs. Nous avons dit plus haut que les *vitrarii* figuraient au nombre des trente-cinq professions qu'une loi de Constantin 1er, édictée en l'an 337, exemptait de toutes charges publiques. Grâce à cette loi qui créait, entre les artisans exerçant un même métier, une sorte de solidarité, beaucoup d'ouvriers des villes parvinrent à se soustraire au servage. C'est grâce à elle, et surtout, comme le remarque très bien M. Benjamin Fillon[1], à leur isolement au fond des bois, que les verriers purent conserver à travers huit siècles d'invasions étrangères leur qualité d'*ingenus,* c'est-à-dire d'hommes libres, et se trou-

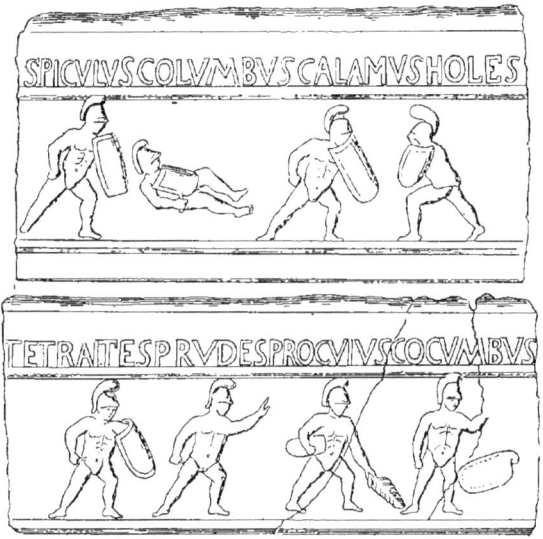

Fig. 89 et 90. — Développement du précédent gobelet.

vèrent ensuite faire partie de la classe noble, parce qu'ils en avaient déjà les immunités.

Si elle perdit de son importance sous les Mérovingiens, la fabrication du verre, cependant, ne fut jamais abandonnée. Elle paraît même, au VIe et au VIIe siècle, avoir repris une activité relative, et les nombreux spécimens que renferment les cimetières de cette époque, aussi bien dans les régions de l'Ile-de-France que dans l'Anjou, la Normandie et le Poitou, attestent non seulement l'abondante

---

1. *L'Art de terre chez les Poitevins,* p. 188

production de cette utile industrie, mais encore la réelle habileté de ceux qui l'exerçaient.

Les échantillons recueillis dans les sépultures franques viendraient à nous manquer toutefois, qu'on pourrait invoquer d'autres preuves de cette fabrication féconde : d'abord la quantité de lieux désignés de toute antiquité dans les chartes sous les noms de *Verreria, Vitreria, Vitrina,* qui depuis ont été appelés Verrières, Voirières, Verreries, Voirée, etc., et dont l'appellation indique la présence de verreries; ensuite plusieurs textes suffisamment précis, où il est fait mention d'ustensiles de verre, employés couramment pour le service de la table. C'est ainsi que dans une lettre écrite par l'évêque Fortunat à la reine Radegonde, femme de Clotaire Ier, il est dit qu'en ces temps barbares les viandes, dans les repas fastueux, étaient servies sur des plats d'argent, et les volailles sur des plats de verre.

Mais nous devons à Fortunat une autre révélation, plus précieuse encore. L'évêque de Poitiers, décrivant Notre-Dame de Paris, construite par Childebert, vante, en vers latins, l'effet magique produit sur les murailles et les voûtes par la lumière du matin, qui se colorait en passant à travers les verrières des fenêtres. Fortunat célèbre aussi les vitraux qui ornaient les basiliques de Saint-Martin à Tours et de la Sainte-Vierge à Bordeaux. D'autre part, Grégoire de Tours, contemporain de Fortunat, rapporte qu'en 521 des soldats brisèrent les verrières de Saint-Julien de Brioude. Enfin, dans la *Vie de saint Éloi* par saint Ouen, il est également fait mention de vitraux. Et partout il est spécifié que ce sont bien là des ouvrages autochtones, sortis non pas de mains romaines, mais de mains franques, « *artificum nostrorum* », écrit avec orgueil Grégoire de Tours[1], de mains barbares, comme le dit Fortunat[2].

---

1. Grég. de Tours, *Hist. eccl. des Francs,* liv. X, chap. XVI.
2.   Quod nullus veniens Romana gente fabrivit
    Hoc vis barbarica probe peregit opus.

Ainsi un fait très controversé relativement à l'Antiquité, la question de savoir si les vitres furent connues à Rome et usitées à Byzance, se trouve résolue chez nous pour la période mérovingienne.

En quoi consistaient ces premières clôtures vitrées? Sans doute en des compartiments de verre, colorés diversement, enchâssés dans des armatures de métal ou plus souvent de bois (*vitro tignis incluso*, suivant l'expression de Grégoire de Tours), et formant une sorte de mosaïque transparente.

La peinture sur verre, appliquée non plus aux besoins domestiques, mais à la clôture des baies, paraît, en effet, avoir été postérieure de plusieurs siècles à ces premiers essais de vitrerie. C'est à l'époque des Carolingiens, qui,

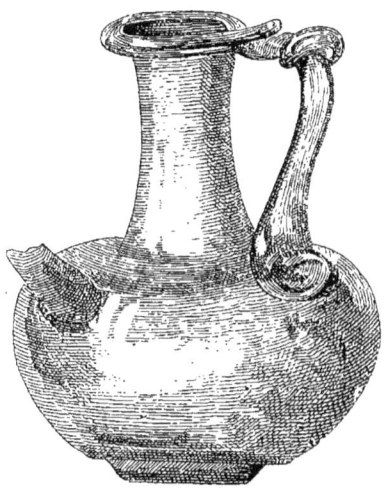

Fig. 91. — Aiguière en verre soufflé provenant des sépultures de Caranda.

cependant, marque une certaine accalmie dans la production des verreries françaises, qu'on attribue cette grande et belle découverte. Ce serait, en effet, sous le règne de Charles le Chauve, si nous nous en rapportons à Émeric David, que les premiers vitraux peints auraient été mis en place. « L'historien du monastère de Saint-Bénigne, qui écrivait vers 1052, assure qu'il existait encore de son temps, dans l'église de ce monastère, un très ancien vitrail représentant le martyre de sainte Paschasie, et que cette peinture avait été retirée de la vieille église restaurée par Charles le Chauve Il faut croire, par conséquent, conclut Émeric David, que ce monument antique et élégant, suivant les expressions de la Chronique, datait au moins du règne de l'empereur ; mais il ne saurait remonter beaucoup au delà[1]. » Et, en effet, si la peinture sur verre eût été pratiquée plus tôt, l'empereur Charlemagne et les papes Adrien Ier et Léon III, ces princes magnifiques, n'auraient certes pas manqué d'en faire usage pour la décoration des églises ou des palais élevés par leur ordre, et nous en saurions quelque chose.

Quoi qu'il en soit, on peut conclure des divers textes que nous venons de citer et des quelques spécimens dont nous accompagnons cet article, que Loysel[2] a eu grand tort de prétendre que l'origine de nos verreries nationales remonte tout au plus aux croisades, et que, jusqu'au XVIIe siècle, on a uniquement fabriqué chez nous de la gobeleterie commune, des bouteilles et des verres à vitres.

1. *Histoire de la peinture au moyen âge*, p. 79.
2. *Essai sur l'art de la verrerie*; Paris, an VIII.

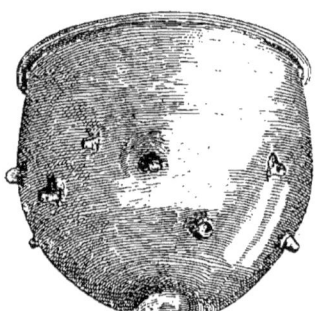

Fig. 92. — Vase apode en verre soufflé provenant des sépultures de Caranda.

III

LA VERRERIE AU MOYEN AGE

Un argument qui pourrait, dans une certaine mesure, justifier aux yeux des archéologues l'opinion peu patriotique dont Loysel s'est fait imprudemment l'éditeur, c'est que l'on ne rencontre pas au Moyen Age de corporations de verriers. Aussi MM. Lespinasse et Bonnardot, dans le préambule dont ils ont accompagné leur publication du livre d'Étienne Boileau[1], n'ont-ils pas manqué de révéler cette absence et de s'en montrer surpris. Les verriers, cependant, étaient assez nombreux à Paris dès le XIIIe siècle. Les *Registres de la taille* de 1292 ne mentionnent pas moins de quatorze industriels exerçant cette profession dans la capitale, qui déjà possédait une rue de la Verrerie. Comment expliquer la lacune signalée par MM. Lespinasse et Bonnardot? Par une constatation bien simple. Si les verriers ne sont pas inscrits dans le *Livre des mestiers*, c'est que les peintres sur verre se trouvaient englobés dans la Communauté des « Peintres Imagiers[2] », et que dans les grandes villes, — à Paris notamment, — les marchands de verreries étaient corporativement confondus avec

---

1. Le *Livre des mestiers* (Paris, Impr. nationale, 1879).
2. Un certain nombre de documents officiels attestent la confusion voulue des deux professions. Pour ne citer qu'un exemple, les patentes données à Lyon en 1496 et confirmant les statuts des peintres de cette ville, portent : « Art. 31. ... Pourront lesdiz paintres besongner de painture, de verrerie ensemble, quand bon leur semblera ; » et parmi les peintres qui faisaient à cette époque partie de la corporation lyonnaise et pouvaient peindre sur verre figuraient le célèbre Jean Perréal, dit Jean de Paris, Jehan Prévost, autre peintre du roi, Jehan de la Paix, dit d'Aubenaz, etc., c'est-à-dire des artistes de premier ordre.

les marchands de vaisselle de terre, c'est-à-dire avec les potiers.

Quant aux verriers fabricants de verre, ils n'avaient garde d'habiter les villes, où il leur aurait été assez malaisé d'exercer leur industrie. Les nécessités de la fabrication localisaient leur installation dans certaines contrées retirées, à proximité des forêts, et presque tous jouissaient de privilèges spéciaux, qui, les plaçant en dehors de toute réglementation, les exemptaient de la surveillance des magistrats ordinaires.

Un autre argument en faveur de l'opinion de Loysel, argument qu'il importe également de ne pas laisser subsister, pourrait être tiré de ce fait qu'au Moyen Age les objets en verre décrits dans la plupart des *Inventaires* des princes et des rois sont qualifiés « à la façon de Damas » et doivent être tenus dès lors comme étant d'origine orientale. C'est ainsi que, dans l'*Inventaire du duc Louis d'Anjou* (1360), on rencontre : « Deus flascons de voirre, ouvrez d'azur, à plusieurs diverses choses, de l'ouvrage de Damas. — Un autre flascon de voirre ouvré d'azur de l'ouvrage de Damas ». De même dans l'*Inventaire de Charles V* (1380) nous relevons : « Ung grant voirre, ouvré en la façon de Damas. — Ung autre petit voirre ouvré par dehors à ymages, en la façon de Damas. — Une lampe de voirre ouvrée en façon de Damas, » etc.[1]. Ces mêmes indications se retrouvent dans les *Inventaires du Louvre*, du *Château de Vincennes*, de la *Bastille Saint-Antoine*, dressés sous le règne suivant.

Vers le même temps, aux verreries orientales se mêlent les verreries de Venise. Un mandement de Philippe le Hardi daté du 6 juillet 1394, ordonne le payement de quatre francs pour seize verres et une écuelle « des voirres que les galées de Venise ont apportéz en nostre pays des Flan-

---

1. Jules Labarte, *Inventaire de Charles V*, n°ˢ 2190, 2191, 2197.

dres ¹ », et nous voyons figurer parmi les joyaux du roi René d'Anjou « Deux potetz (petits pots) à pied et à ance de verre de Venise. — Deux grandes coupes à pié de verre de Venise. — Ung petit potet à un pié de verre de Venise, dont l'anse est rompue »,
etc.

Mais ces exemples, qu'on pourrait corroborer de nombreuses citations du même genre, ne signifient point que les verreries françaises avaient éteint leurs feux et qu'on était réduit à l'importation étrangère pour les verres de service courant. A côté de ces pièces tout exceptionnelles, en effet, et auxquelles leur exotisme donnait une valeur de curiosité qui en décuplait le prix, on faisait journellement usage, dans les résidences princières et même dans les habitations bourgeoises, de vaisselle de verre fabriquée dans le pays. On

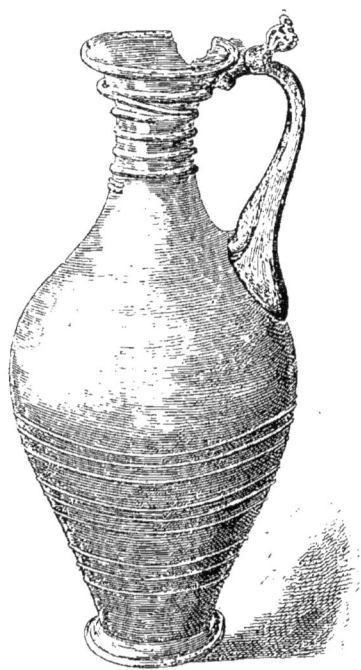

Fig. 93. — Aiguière en verre soufflé (xive siècle).

doit à Legrand d'Aussy³ la révélation d'une charte de 1338 par laquelle Humbert II, dauphin du Viennois, accorda à un verrier nommé Guionet, le privilège de l'exploitation d'une partie de la forêt de Chamborant, à condition qu'on

---

1. De Laborde, *les Ducs de Bourgogne*, t. II, n° 3992.
2. Lecoy de La Marche, *Comptes et Mémoriaux du roi René*, p. 263 et suiv.
3. *Histoire de la vie privée des François*; Paris, 1782, t. III, p. 185.

lui fournît chaque annnée 240 verres à boire, en forme de coupe ou de hanap, 144 amphores, 132 vases de nuit, 144 grandes écuelles, 72 plats, 72 plats sans bords (sans doute destinés à être employés comme verre à vitre), 144 pots, 144 aiguières, 60 gotteffles, 12 salières, 240 lampes, 72 chandeliers, 12 tasses, 12 petits barils, 6 grandes bottes pour le vin, 1 grande nef, etc. Ces chiffres ont une éloquence particulière. Une fourniture aussi considérable, livrée annuellement à la petite cour d'un très petit prince, nous révèle assez quelle consommation on faisait, à cette époque, d'objets en verre de toutes sortes, et la modeste valeur qu'avaient déjà ces ustensiles de ménage singulièrement fragiles, dont le renouvellement périodique atteste, au surplus, le manque de durée.

Un amusant passage des *Mémoires de Joinville* prouve, du reste, le peu de conséquence qu'on attachait alors aux objets de verrerie. Le vieux chroniqueur nous montre le comte d'Eu, frère de saint Louis, s'amusant à l'aide d'une petite catapulte de son invention, à briser les aiguières et les verres dont se servaient, pendant leur repas, les chevaliers au service du roi[1]. Cette absence de valeur explique, en outre, comment on ne rencontre dans les grands inventaires de ces lointaines époques, qu'un très petit nombre de pièces de verrerie. Reléguées à l'office et à la cuisine, elles ne paraissaient pas dignes de figurer à la suite des beaux vases d'or, d'argent et de cristal, qui ornaient les dressoirs et la table des princes et des rois.

Bien mieux, sous le règne de Louis XI, les ustensiles de verre étaient devenus si communs, que les marchands un peu riches dédaignaient d'en faire usage. Ils avaient coutume de boire dans des hanaps et des coupes d'argent ou de vermeil; et pour que la verrerie reparût sur la table des bourgeois, il fallut que le très dévot roi mît à contri-

---

1. *Mémoires*, t. II, p. 335.

bution la vaisselle de ses sujets, et leur empruntât leur argenterie, afin de la convertir en une grille qui devait entourer la châsse de saint Martin de Tours[1].

Ces textes si précis suffisent, croyons-nous, à faire la lumière sur ce point controversé. Ils expliquent, en outre, la plainte singulière que Bernard Palissy devait faire entendre un siècle plus tard : « Je te prie, considère un peu les verres qui, pour avoir esté trop communs entre les hommes, sont devenus à un prix si vil, que la plupart de ceux qui les font, vivent plus mechaniquement que ne font les crocheteurs de Paris..., et ces verres sont vendus et criéz par les villages par ceux-mêmes qui crient les vieux chapeaux et les vieilles ferrailles. »

A ces documents suffisamment probants, semble-t-il, on en peut ajouter d'autres non moins décisifs. Le plus important de ces autres textes est, sans contredit, le second livre de l'*Essai sur divers arts* du moine Théophile[2]. Dans ce précieux manuel, où le savant religieux traite de la fabrication du verre à vitre, des vitraux peints, des vases à boire, de la mosaïque du verre, etc., il est, en effet, deux passages auxquels les commentateurs ne nous paraissent pas avoir attribué tout l'intérêt qu'ils méritent. Cependant ils nous touchent d'une façon particulière. Dans sa préface, Théophile, s'adressant au lecteur, lui dit : « Si tu approfondis attentivement cet *Essai*, tu y trouveras tout ce que connaît la Grèce sur les espèces et mélanges des diverses couleurs ; toute la science de la Toscane relativement aux incrustations et à la variété des nielles ; tout ce qui distingue l'Arabie, quant à la fonte et à la ciselure des métaux ; l'art avec lequel l'Italie décore les différentes espèces de vases, soit au moyen de l'or et de l'argent, soit avec l'ivoire et les gemmes, tout ce que la France apporte de recherche à

---

1. Voir la *Chronique scandaleuse* dans les *Mém. pour servir à l'histoire de France*, t. XIII, p. 390.
2. *Diversarum artium schedula*, lib. II.

varier d'une façon précieuse les vitraux des fenêtres, » etc. Ainsi, à l'époque où écrivait le moine Théophile, c'est-à-dire au xe ou au xie siècle, la France excellait entre toutes les nations dans la peinture sur verre, et dépassait dans cet art les autres peuples de l'Europe[1]. Plus loin notre auteur complète cette déclaration et ajoute que nos compatriotes étaient les plus habiles (*in hoc opere peritissimi*) dans l'art de colorer les verres[2].

Aux précieuses révélations du moine Théophile viennent se joindre, pour attester l'activité de notre industrie verrière au Moyen Age, toute une suite de pièces d'Archives qui nous révèlent l'existence d'un nombre considérable de verreries, réparties sur toute l'étendue de notre territoire. La plus ancienne de ces pièces est un diplôme de l'an 825 qui mentionne le port de la Verrerie, dépendant de l'abbaye de Saint-Mesmin. Après cela, deux autres textes signalent la présence, en 1088, d'un verrier nommé Robert, occupé sur le territoire de l'abbaye de Maillezais, et vers la même date un marché passé par le peintre verrier Fulcon avec l'abbé Girard de Saint-Aubin, d'Angers. Puis à partir du xiiie siècle, les documents se font plus nombreux, et l'on peut citer, entre 1207 et 1497, plus de vingt-cinq fabriques de verre en pleine activité sur notre territoire. Ce sont :

1207. Verrerie de la Roche-sur-Yon, exploitée par Guillaume Géraud et Simon de Joui.

---

1. Il faut croire, au surplus, que cette renommée indiscutée au temps du moine Théophile remontait à plusieurs siècles, et avait déjà à cette époque reçu la consécration du temps. « Nous lisons, en effet, dans la *Vie de saint Benoît Bissope*, abbé d'un monastère en Angleterre, qu'après avoir bâti son couvent il vint en France chercher des ouvriers... pour lui clore en vitres son église, son réfectoire et son cloître. Car cette dernière sorte de manufacture n'était pas connue dans la Grande-Bretagne. *Vitri factores artifices Britannicis catenus incognitos*. Les ouvriers qu'amena Benoît enseignèrent leur art aux Anglois. » (LEGRAND D'AUSSY, *Histoire de la vie privée des François*, t. III, p. 184.)

2. Caput xii, *De diversis vitri coloribus*.

1249. Verrerie des Moustiers (Deux-Sèvres), exploitée par Guillaume Gaudin.

1290. Verrerie de Quiquengrogne.

1300. Verrerie de Vendôme.

1300. Verrerie d'Aubigny.

1300. Verrerie de Montpellier.

1300. Verrerie de Moulchamp (Vendée), dotée plus tard de privilèges spéciaux par Charles VI (1399).

1302. Verrerie de la Haye, dans la forêt de Lions-la-Forêt, exploitée par messire Gobert, et à partir de 1330 par Philippe de Cacqueray.

1313. Verrerie du bois Mallet.

1331. Verrerie d'Aulnay, dans la forêt de Mervent (Poitou), exploitée par André Basge, dit Calot.

1338. Verrerie de Chamborant, en Dauphiné, exploitée par Guionet.

1383. Verrerie de la forêt d'Othe, près de Sens, exploitée par Guillaume et Jehan « le Voirrier ».

1383. Verrerie de la forêt de Chevreuse.

1442. Verrerie de Bichat (Vienne), exploitée par Colin Boryeu, Pierre Musset et Catherine Chauvigné.

1456. Verrerie de la Roche-sur-Yon, exploitée par Lucas Rillet, Jehan Bertrand et Pierre Maigret.

1459. Verrerie d'Apt (Vaucluse), exploitée par Ferré.

1463. Verrerie de Courlac (Vienne), exploitée par Musset.

1468. Verrerie de la Puye, en la forêt de Gatine (Vienne), exploitée par Philippon et Jean Boissière.

1469. Verrerie de Jehan Brysonale, en la forêt de Darney (Lorraine), exploitée par Pierre Brysonale, fils de Jehan.

1469. Verrerie des Aufans, en la forêt de Darney (Lorraine), exploitée par Henry.

1469. Verrerie de Jean Hendel, forêt de Darney, exploitée plus tard par Jacob, Guillaume du Tyson et son fils.

1469. Verrerie Jacob, forêt de Darney, exploitée plus tard par Nicolas Mengin.

148   LA VERRERIE

1486. Verrerie de Rorteau (Vendée), fondée par Jacques Bertrand, seigneur de la Vrignonnière.

1497. Verrerie de Caudel, etc.

Malheureusement, de tant d'ouvrages sortis de ces nombreuses fabriques, ouvrages dont quelques-uns furent assurément remarquables, et qu'en tout cas nous serions si heureux de connaître, il ne nous est presque rien demeuré ; et seuls les vitraux, dont nous allons parler au prochain chapitre, peuvent donner une idée du savoir et du goût des verriers français à cette lointaine époque.

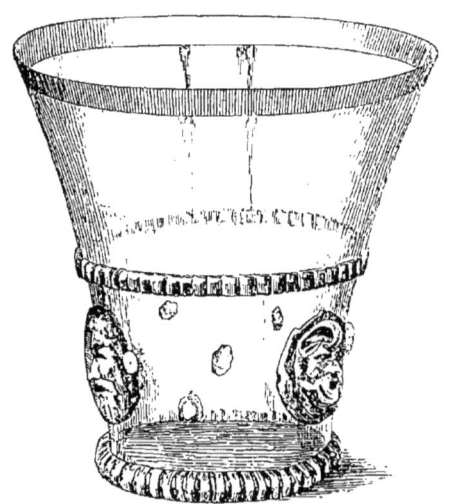

Fig. 94. — Gobelet décoré de mascarons, verrerie française (XVe siècle).

IV

LA PEINTURE SUR VERRE

De très bonne heure, les prélats chrétiens, évêques ou abbés, avaient pris soin d'orner et d'embellir leurs sanctuaires. Églises, basiliques, chapelles, avaient été recouvertes de peintures ou de mosaïques, racontant aux yeux des fidèles les saintes légendes et les grands drames de la Foi. En maints endroits, les historiens monastiques célèbrent la multiplicité et la magnificence des tentures dont on parait les nombreux sanctuaires. Ces tentures redisaient, elles aussi, la vie et les actes des saints, et le synode d'Arras, tenu en 1205, appelait, non sans raison, ces draperies et ces peintures des églises : le livre des illettrés.

Il était donc naturel que l'on cherchât à continuer, sur les vitres qui garnissaient les baies, ce pieux récit destiné à l'édification des fidèles ; et cette recherche devint presque une nécessité, quand une révolution dans la manière de bâtir eut mouvementé les parties solides de la construction — lesquelles avaient jusque-là présenté de grandes surfaces planes — et substitué aux murailles unies, où pouvaient se dérouler les dévotes histoires, de hautes et larges fenêtres, qu'il importait, pour la beauté et la richesse du lieu, de ne pas laisser sans décoration.

On peut dire que les peintres verriers chargés par le clergé, alors riche et puissant, de cette ornementation nouvelle des sanctuaires, atteignirent, du premier coup, à la perfection de leur art.

Ce n'est pas, toutefois, que les vitraux du XIIe siècle — les plus anciens qui soient parvenus jusqu'à nous, et les premiers sur lesquels, par conséquent, il nous soit permis de raisonner — soient au-dessus de toute critique. En général, ces verrières, assemblage d'une quantité de pièces de rapport de très petites dimensions, se rapprochent encore trop des vitrages primitifs dont nous parlons dans un précédent chapitre. Les figures sont, en outre, de taille très réduite, trapues avec des gestes un peu gauches, un dessin raide et plein d'incorrections. Les sujets eux-mêmes, empruntés à l'Ancien et au Nouveau Testament ou aux légendes chrétiennes, enserrés dans des cartouches circulaires, elliptiques ou lobés, ordinairement disposés en sautoir, se détachant le plus souvent sur un fond bleu réticulé, sont également de dimensions modestes. Mais en les contemplant on peut se convaincre que jamais, à aucune autre époque, on n'a mieux compris le rôle de la peinture sur verre, et rien n'est à la fois plus agréable à l'œil, plus magnifique et plus riche, que ces mosaïques translucides dont les compartiments, colorant les rayons du soleil des teintes les plus vives, laissent filtrer dans l'intérieur de nos vieilles basiliques, ce jour atténué et « dévotieux » qui agit si fort sur nos imaginations.

J'ai dit que les vitraux du XIIe siècle étaient les plus anciens qui nous aient été conservés. Encore ne sont-ils pas très nombreux. Parmi les plus remarquables nous citerons ceux qu'on admire dans l'église de la Trinité à Vendôme, dans celles de Saint-Père à Chartres, de Saint-Serges à Angers et au chevet de l'église abbatiale de Saint-Denis. On sait que ces derniers furent exécutés sur l'ordre de Suger.

Au XIIIe siècle, la France se couvrit d'édifices religieux de la plus grande magnificence. Tous furent décorés de vitraux. Ne soyons donc pas surpris d'être plus favorisés pour ce siècle que pour la période précédente, et qu'un nombre assez considérable de spécimens de la peinture sur verre, à ce moment, soient parvenus jusqu'à nous. Parmi les églises qui renferment des verrières remontant à cette époque, on doit mentionner Sainte-Radegonde de Poitiers, la sainte Chapelle et Notre-Dame de Paris, dont la rose du transept méridional, la plus belle que l'on connaisse, ne compte pas moins de quatre-vingt-cinq médaillons à sujet Citons encore les églises de Bourges, de Sens et du Mans, les cathédrales de Rouen, de Strasbourg, d'Angers, de Reims, de Clermont-Ferrand, de Chartres, de Tours, etc.

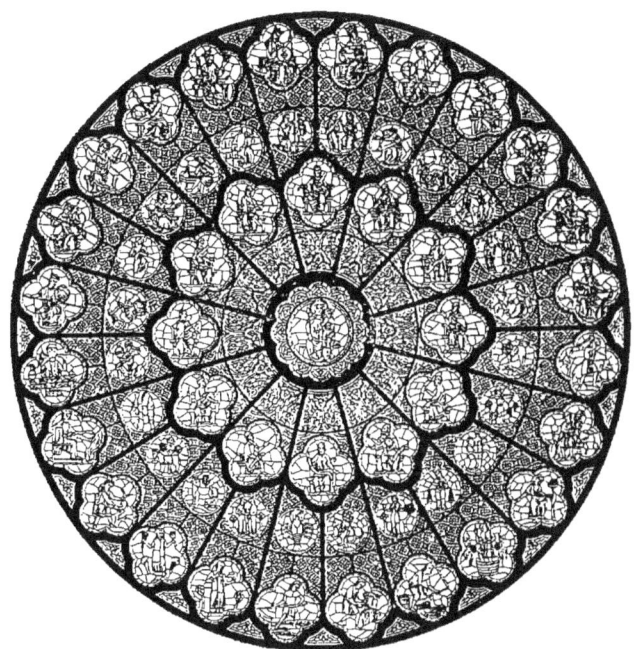

Fig. 95. — Grande rose de Notre-Dame de Paris.

Quelques-unes de ces églises renferment même des ensembles imposants. C'est ainsi que la cathédrale de Tours ne possède pas moins de quinze belles verrières, la cathédrale d'Angers seize, celle de Strasbourg vingt-neuf; mais toutes ces suites n'égalent pas la collection de vitraux qui décorent la cathédrale de Chartres. Ceux-ci garnissent cent quarante-six fenêtres enrichies de treize cent cinquante-neuf sujets. On voit que, pour juger la peinture sur verre à cette époque, ce ne sont pas les documents qui font défaut.

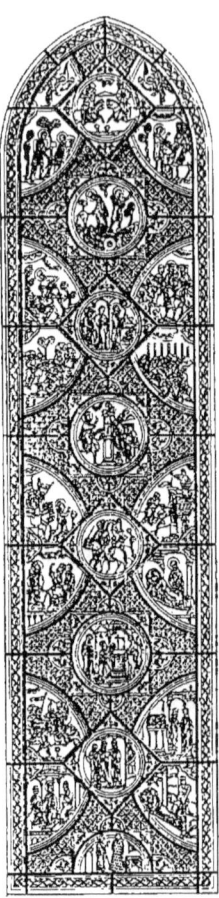

Fig. 96. — Vitrail représentant l'*Histoire de Charlemagne*. — Cathédrale de Chartres.

Tous ces vitraux, en outre, sont remarquables, et montrent qu'au XIII° siècle la peinture sur verre, continuant de conserver son caractère de mosaïque et d'éblouir les yeux par l'étalage des couleurs les plus vives et les mieux appareillées, ne s'éloigne pas encore de sa destination originelle. Cependant la plupart de ses compositions sont mieux ordonnées, et, malgré le grand nombre de fragments dont chaque sujet est formé, elles ne présentent aucune confusion. La disposition en cartouches, se détachant sur un fond réticulé et encadrés dans des bordures en lacis, ou avec enroulements de feuillages, persiste. Toutefois, dans les maîtresses fenêtres de la nef, on voit apparaître des personnages aux proportions gigantesques, — saints patrons, prophètes ou patriarches, — énormes figures longues, droites et roides, sans indications de raccourcis, drapées à plis serrés et qui, du reste, ne s'éloignent pas, comme goût et comme agencement, de celles qu'on voit peintes ou sculptées sur la plupart des monuments religieux de ce temps.

Il n'en est plus de même au siècle suivant. Une véritable révolution se produit. Comme la peinture murale, la décoration des verrières progresse, et

LA VERRERIE 153

dans le même sens. Le dessin se fait plus correct, l'artiste cherche davantage à se rapprocher de la nature, qu'il copie avec plus de vérité. En outre, il commence à se préoccuper des conditions du clair-obscur. La disposition des sujets change également d'une façon complète. Aux médaillons légendaires, systématiquement répartis dans la hauteur des longues croisées en ogive, on substitue de véritables scènes religieuses ayant pour acteurs des personnages de haute taille; et lorsqu'on ne renonce pas aux saintes figures isolées, on prend soin de les agenouiller sur une console en grisaille richement décorée, ou de les abriter sous un dais pyramidal, comme ceux qu'on voit aux portes des églises, hérissés de clochetons, de pinacles et d'arcs-boutants.

Ces grisailles trop importantes livrent passage à une quantité de lumière qui affadit l'ensemble et nuit à l'effet général. Nous avons dit, au demeurant, dans notre première partie, quels autres dangers présentaient ces simulations architecturales d'une utilité au moins douteuse. On est donc amené à reconnaître avec Batissier[1] que, « considérées comme des ouvrages d'art isolés, les verrières du XIVᵉ siècle sont supérieures à celles du siècle précédent. Leur exécution est plus savante

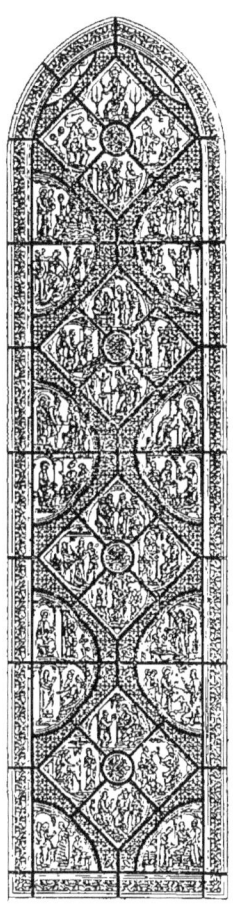

Fig. 97. — Vitrail représentant l'*Histoire de saint Jacques*. — Cathédrale de Chartres

1. *Loco cit.*, p. 98.

sans être moins sincère comme expression ; mais au point de vue de la décoration monumentale la peinture sur verre semble déjà dégénérer. » Les verrières de cette époque, véritables tableaux, produisent, en effet, une impression moins saisissante que les mosaïques transparentes des deux siècles précédents.

Au XIVe siècle, non seulement nos peintres verriers ne cessèrent pas de décorer et d'embellir les églises de France et d'Angleterre[1], mais, grâce à leur activité, les vitraux prirent aussi dans les édifices civils une place importante. Les palais, les châteaux, les hôtels, furent amplement pourvus de ces belles décorations translucides. Les *Comptes des œuvres du bailliage de Rouen* (1338) et ceux des *travaux exécutés au château de Caen* (même année) mentionnent l'exécution de verrières importantes, qu'on pourrait, à cause de leur emplacement et de leurs sujets, qualifier de *civiles*[2]. Paris, sous ce rapport, ne pouvait être en retard sur les villes normandes. Sauval nous apprend que le Louvre était orné de vitraux magnifiques représentant une suite de saints assis sous des dais somptueux. Par lui nous savons également que le duc Jean de Berry fit reconstruire le château de Bicêtre, « et pour dernier embellissement y ajouta des vitres en verre, qui ne faisoient en ce temps-là que de commencer à orner l'architecture des palais ». Froissart, racontant les fêtes célébrées à Paris pour l'Entrée solennelle d'Isabeau de Bavière, rapporte qu'au banquet donné dans la grande salle du Palais, « la reine de France

---

1. Ce sont des fabricants de Rouen qui, en 1310, 1316 et 1318, fournirent les vitraux de la cathédrale d'Exeter (voir Ducarel, *Antiquités anglo-normandes*, et A. de Girancourt, *Nouvelle Étude sur la verrerie de Rouen*). Plusieurs voies, du reste, portèrent à Rouen les noms de rue du Voirre, rue aux Voirriers, grande rue aux Voirriers, etc., attestant l'importance de cette industrie rouennaise (De Beaurepaire, *Bulletin de la Commission des antiquités* ; Périaux, *Dictionnaire indicateur des rues de Rouen*, etc.).

2. *Actes normands de la Chambre des comptes.* p 171 et 177.

fust sur le poinct d'estre mesaisée et convint une verrière rompre, qui estoit derrière li, pour avoir vent et air[1] ». On

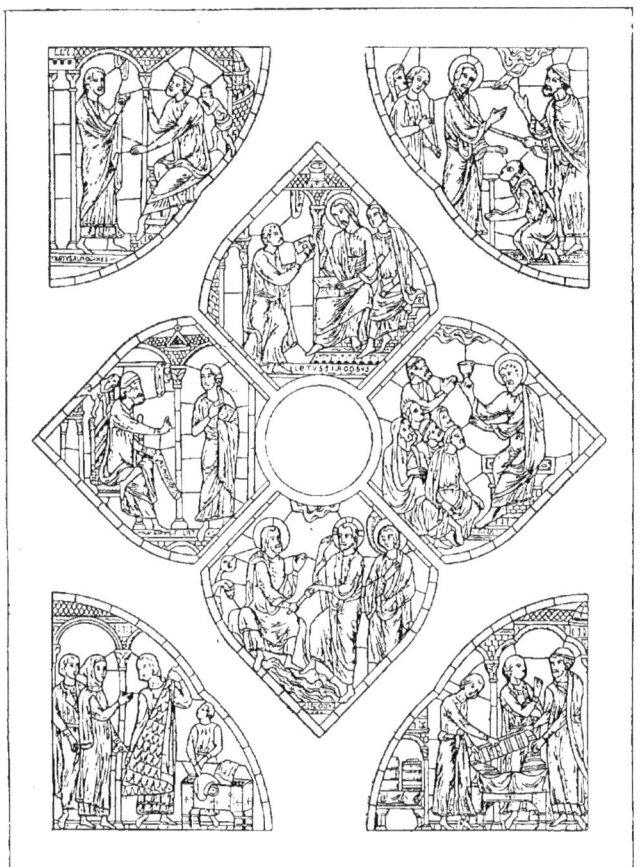

Fig. 98. — Détail de l'*Histoire de saint Jacques*.

possède une quittance de Claude Le Leu, « voerrier demourant à Paris », et datée de l'année 1405, relative à la restauration des verrières qui décoraient à Chaillot l'hôtel du duc

1. *Chroniques*, t. XII, p. 21.

Louis d'Orléans, frère de Charles VI[1]. Enfin Guillebert de Metz cite « l'hostel de sire Mille Baillet, trésorier du roi (Charles VI), auquel hostel y avoit des voirrières autant qu'il [y] a de jours en l'an[2] », ce qui, sans doute, était une façon de parler pour dire qu'elles étaient fort nombreuses.

Pour la décoration de ces verrières laïques, on n'eut pas recours, comme pour celles dont étaient ornés les édifices religieux, à l'exclusive traduction des légendes sacrées. On donna la préférence aux sujets historiques ou guerriers, aux aventures héroïques ou fabuleuses. On fit aussi appel à la peinture héraldique, alors fort à la mode et très féconde en combinaisons ingénieuses et charmantes. Un grand nombre de ces verrières furent donc ornées d'armoiries avec des chevaliers ou des animaux pour supports, se détachant sur un fond de feuillage, et encadrées de banderoles ou de philactères portant de gracieuses devises. Parmi les contrats conservés aux Archives du département du Nord, on relève la mention de verrières exécutées en 1395, 1397 et 1409 à l'hôtel de la Cour-le-Comte à Arras, « armoiées de trois escus, de Monsieur, de Madame et de Monsieur le Comte », c'est-à-dire décorées des armoiries du duc de Bourgogne, de la duchesse et du comte de Nevers[3]. A la fin du XVe siècle nous trouvons à Lyon le célèbre peintre verrier Pierre d'Aubenas chargé d'embellir, à l'aide des « escussons » des échevins et magistrats, les verrières de l'hôtel de ville[4]. Au XVIIe, Christin Dalais, Jean Ricard et François Nicolet étaient occupés à exécuter, dans ce même hôtel de ville, quatre-vingt-une armoiries « du Roy ou de la Ville peinctes sur autant de panneaux... aux vitres de la chapelle ». Ainsi, pendant plus de trois

---

1. *Archives nationales*, KK 267, fol. 128.
2. *Description de Paris*, p. 69.
3. *Archives du Nord*, série B, nos 1859, 1861, 1887.
4. *Archives communales de Lyon*, *Actes consulaires*, série BB, reg. 24 et 211.

siècles, ces figurations héraldiques demeurèrent en honneur, et cette coutume s'explique.

Ces témoignages de noblesse mis en belle place étaient bien faits pour flatter la vanité des familles. Ils devaient même, par la suite, tenir lieu, dans nombre de cas, des parchemins disparus. Et, en effet, quand, au XVIIe siècle, pour des raisons fiscales, on procéda à l'examen des titres de noblesse, il arriva que certaines familles produisirent de ces verrières pour attester l'ancienneté de leur origine et la solidité de leurs prétentions. C'est ce qui faisait dire à Boursault, dans une de ses pièces de théâtre[1] :

> Si pour votre noblesse il vous manque des titres,
> Il faudra recourir à quelques vieilles vitres,
> Où nous ferons entrer d'une adroite façon
> Une devise antique avec votre écusson.
> Vingt douteuses maisons, qui sont dans la province,
> Pour se mettre à l'abri des recherches du prince,
> Avec cette industrie ont trouvé le moyen
> De prouver leur noblesse admirablement bien.

On pourrait conclure de ce qui précède que, l'emploi des vitraux s'étant généralisé au XIVe siècle, les spécimens parvenus jusqu'à nous sont beaucoup plus nombreux que ceux du siècle précédent. Malheureusement il n'en est rien. Les verrières des édifices civils ont presque toutes disparu, et pour celles des monuments religieux, on en a en quelque sorte épuisé la liste quand on a cité les cathédrales de Chartres, de Limoges, d'Évreux, les églises de Saint-Thomas à Strasbourg et de Saint-Nazaire à Carcassonne, etc.

Jamais, cependant, les vitres peintes ne furent plus en honneur qu'à cette époque ; et si les privilèges dont les verriers se montrèrent par la suite si fiers remontent beaucoup plus haut, — nous avons vu qu'ils dataient de l'empereur Constantin, — par contre, c'est à ce moment que, grâce à la sanction royale, ils prirent leur forme définitive.

1. *Ésope à la cour* (acte III, sc. v).

Charles V et Charles VI, en effet, déclarèrent par *Lettres patentes* les verriers « francs, quittes et exempts de toutes tailles, aides et subsides, garde de porte, guet, arrière-guet et autres subventions quelconques ». Plus tard [1], sur la requête de Henri Mellein, peintre verrier demeurant à Bourges, Charles VII confirma ces privilèges, tant pour ledit Mellein que pour « tous autres de sa condition, tant en ladite ville de Bourges qu'autres lieux de son Royaume[2] ». Mais la faveur et les privilèges ne peuvent rien contre l'influence des milieux et la transformation des mœurs, et c'est à partir du xve siècle que la décadence de la peinture sur verre — dans ses applications grandioses et monumentales tout au moins — commence à se faire sentir.

« Dans la seconde moitié du xve siècle, écrit avec beaucoup de sens M. Thévenot [3], le champ des vitraux se garnit de portiques en grisaille chargés de figurines, de fabriques, d'arbres et de lointains quelquefois assez heureusement imités, mais faits pour être vus de très près. Cette innovation fut portée à son point de perfection dans le xvie siècle... Ce système servit plutôt à faire briller le talent du peintre qu'à rendre l'expression fidèle de la nature. Plusieurs causes s'y opposèrent toujours. La distance énorme à laquelle le spectateur se trouve de ces tableaux en ôte le principal mérite, sans compter que les couleurs dans un tableau peint à l'huile sont vues par réflexion, et dans une verrière par transmission, ce qui s'oppose à la reproduction des effets de clair-obscur de la peinture à l'huile. »

On ne peut mieux dire. Ainsi, c'est en grande partie à la confusion des genres, que la peinture sur verre dut la dé-

---

1. En 1451.
2. Ces *lettres patentes* furent confirmées par Henri II en 1552 et par Charles IX en 1563. (Voir *Collection des Statuts, Ordonnances et Règlements de la Communauté des maîtres de l'art de peinture, sculpture, etc., de la ville et faubourgs de Paris*, 1672.)
3. *Essai hist. sur le vitrail* (*Annales scient., litt., etc., de l'Auvergne*, sept. et oct. 1837, p. 424).

cadence rapide dont elle fut atteinte. Les peintres verriers alors les plus en renom ne commirent pas une faute légère en demandant — comme le firent Enguerand Le Prince, de Beauvais, et quelques autres verriers non moins connus — les cartons de leurs verrières aux plus illustres peintres de leur temps, à Albert Dürer, à Jules Romain et même à Raphaël. S'il est vrai, comme le remarque Le Vieil, que les modèles fournis par ces célèbres artistes « se recommandent par l'élévation du style, la pureté du dessin et le charme de la composition », encore ne constituent-ils, au point de vue spécial où il convient de se placer, que des œuvres d'une beauté relative; car chaque art a ses exigences particulières qu'il n'est pas permis de méconnaître, ses lois spéciales qu'on ne saurait transgresser impunément.

Ajoutons que tout semble s'être réuni, à cette époque, pour précipiter ce mouvement de décadence. La découverte de l'imprimerie, en contribuant à répandre l'instruction dans toutes les classes de la

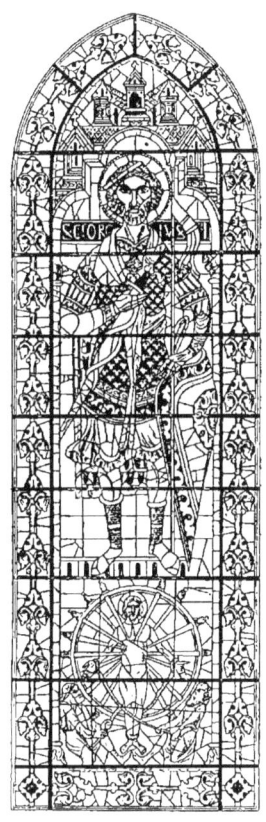

Fig. 99. — Vitrail représentant *saint Georges*. — Cathédrale de Chartres.

société et en généralisant l'usage, à l'église, des livres de prière, imposa au peintre verrier l'obligation de laisser pénétrer dans les hautes nefs et dans les bas côtés une lumière plus intense. La perfection plus grande du dessin, en rendant nécessaire un modelé plus accentué et mieux ressenti, contraignit en quelque sorte les peintres à substituer, dans les draperies et les costumes, les verres simplement émaillés aux verres teints dans la masse, dont les tonalités plus vigoureuses et plus brillantes ne pouvaient donner que des à plat. Pour les tons clairs et les carnations, on remplaça les anciens procédés par la peinture *par apprêt,* qui permettait les dégradations délicates. Le verre employé, plus parfait de fabrication, moins grenu par conséquent, non plus gondolé, mais bien plan et cessant de contenir des bulles d'air, donna au vitrail un aspect plus propre, mais enleva aux panneaux ce caractère vibrant qui ajoutait à leur charme.

Enfin, au lieu d'accuser vigoureusement, par la mise en plomb, les principales lignes de la composition — comme on avait fait au XIIIe et au XIVe siècle — et d'accentuer ainsi les traits essentiels du dessin, les peintres verriers cherchèrent, pour se mieux conformer aux modèles qui leur étaient fournis, à perdre les lignes noires de leurs plombs dans les plis des étoffes, et s'appliquèrent à assembler leurs plaques de verre carrément et en échiquier, — ce qui, à un certain point de vue, peut constituer un progrès, mais nuit considérablement à l'effet général produit par le vitrail. Ainsi les perfectionnements techniques eux-mêmes concoururent, dans une large mesure, à précipiter une décadence en quelque sorte fatale.

Et cependant cette période de l'histoire de la peinture sur verre est singulièrement féconde en noms illustres. Nous avons pu, au cours de nos recherches, relever ceux de quelques peintres verriers qui, au XVe siècle, furent chargés d'importants travaux. Nous citerons notamment Claude Le Leu, qui travailla, nous l'avons dit, pour le duc d'Orléans; Thierry Esparion, qui exécuta dans l'église des Chartreux de Dijon un vitrail représentant le portrait en pied de Jean sans Peur (1420); Robin André, qui garnit de verrières le château d'Angers (1430); Jean Appar, de

Bayonne, et Guillaume Pinguet, d'Orthez, qui enrichirent d' « estories et personnaiges » la chapelle dont Jehan de Grailly, vicomte de Béarn, gratifia le couvent de Morlaas (1421-1444); Jehan de Juys, qui décora de verrières l'hôtel de ville de Lyon (1464); Nicolas L'Atargié, qui refit les vitraux de la Salle du Conseil à Amiens (1475); Gilles Jourdain et Nicolas Mesnagier, qui travaillaient pour Louis XI (1478-1481); Jean Flemyn, « voirrier à Paris », à qui la prieuse de l'Hôtel-Dieu, Jehanne Lasseline, commanda un vitrail « ouquel est la resurrexion de Ladre », etc.[1]. Mais tous ces noms pâlissent singulièrement à côté de ceux que nous offre le XVIe siècle.

Au premier rang des artistes français qui alors excellèrent dans cet art, il faut citer le célèbre Guillaume de Marcillat, né à la Châtre, que Jules II appela en Italie pour décorer, d'après les cartons de Raphaël, la chapelle du Vatican, et qui peignit non seulement les verrières, mais encore les fresques du dôme d'Arezzo; l'illustre Jean Cousin, auquel on doit ce qui reste des vitraux de la chapelle de Vincennes, les verrières du chœur de Saint-Gervais, et qui exécuta avec Désaugives le *Sacrifice d'Élie*, la *Pluie de la manne*, le *Lavement des pieds* qu'on voit à Saint-Étienne du Mont dans la chapelle de Sainte-Geneviève; Jehan Prévost et Jehan Perréal, qui travaillèrent tous deux pour le roi Charles VIII, et comptèrent parmi les artistes fameux de leur temps; Bernard Palissy, plus célèbre encore, mais à d'autres titres; Arnaut de Moles, qui signa les vitraux de la cathédrale d'Auch; Alexandre Duboys, Louis Coueffard, Jehan Le Vieil, Anthoine Chenesson et Jehan Barbe, employés par le cardinal d'Amboise à la décoration de Gaillon; le fameux

---

1. *Archives de la Côte-d'Or*, série B, t. V; *Comptes et Mémoriaux du roi René*, p. 23; *Archives des Basses-Pyrénées*, série E, t. IV; *Archives communales de Lyon*, série BB, reg. 7; *Nouvelles Archives de l'art français*, année 1878, p. 229; *Comptes de l'hôtel des rois de France*, p. 270 et 357; *Collection des documents pour servir à l'histoire des hôpitaux de Paris*, t. III, p. 84, etc.

Robert Pinaigrier, dont on peut voir deux belles verrières dans l'église Saint-Hilaire de Chartres; P. Anquetil, Michel et Jean Besoche, maîtres verriers de Saint-Maclou à Rouen; Linard, Gontier, Madrain et Cochin, qui décorèrent la collégiale et la cathédrale de Troyes; Héron, qui travailla à Saint-Merry à Paris; Germain Michel, qui peignit les vitraux du portail neuf d'Auxerre; Claude et Israël Henriot, qui se signalèrent à Châlons-sur-Marne, et cent autres, parmi lesquels il convient de ne pas oublier Dirck et Wouter Crabeth, les auteurs justement appréciés des vitraux de Gouda; Willem Thibout, auquel on doit les verrières de Sainte-Ursule à Delft; Jacques de Vriendt, qui enrichit Sainte-Gudule, à Bruxelles, de riches compositions; Claes Romboutz et Jehan Hofhnus, tous deux de Bruxelles, fournisseurs ordinaires de Marguerite d'Autriche et de Philippe le Beau [1].

En dépit de l'habileté dépensée par ces illustres artistes, on ne saurait prétendre qu'ils aient dépassé ni même atteint à la magistrale ampleur de leurs devanciers. Malgré la science qu'ils déployèrent à préparer les émaux colorants de façon à rendre le ton propre et naturel des objets qu'ils voulaient reproduire; malgré la présence de figures remarquablement dessinées; malgré la somptuosité des ajustements, la splendeur des étoffes, l'éclat des pierreries; malgré un débordement de guirlandes de fleurs et de fruits exécutés au naturel, ils n'atteignirent pas, à beaucoup près, à cette puissance d'effet qui caractérise les vitraux du xiie et du xiiie siècle.

Les seuls ouvrages où les peintres verriers du xvie siècle aient soutenu leur vieille réputation, sont les vitraux d'appartement, peints en grisaille et décorés d'arabesques avec un sujet central, représentant quelque petite scène biblique ou la figuration héraldique d'armoiries. Dans ces

---

1. Voir *Archives du Nord*, série B, n°ˢ 2230, 2251, 2339.

panneaux placés à portée de l'œil, ils arrivent, à force de finesse, d'ingéniosité et de goût, à créer des modèles dignes de tous éloges. Chantilly, Écouen, le Louvre, Chambord,

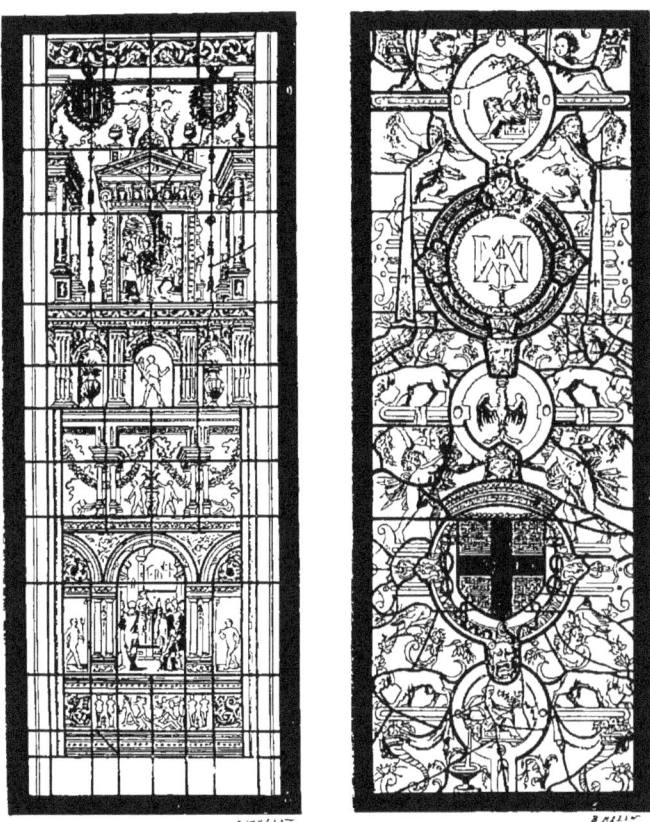

Fig. 100 et 101. — Vitraux provenant du château d'Écouen.

possédèrent, dans ce genre, des ouvrages excellents, dont quelques spécimens nous ont été conservés. Les peintres de l'Allemagne et de la Suisse se créèrent, eux aussi, dans cette spécialité une réputation justement méritée.

Au XVIIe siècle, la décadence s'accentue. C'est à peine si l'on peut citer quelques artistes de valeur, comme Nicolas Pinaigrier, petit-fils de l'illustre Robert, qui peignit les fenêtres du Charnier de Saint-Étienne du Mont; Jacques de Paroys, Jean Nogare et Chamu, auxquels on doit les derniers vitraux peints pour Saint-Merry; Martial Cherpin, « maître peintre verrier de la reine » Anne d'Autriche; Lorget et Bathet, qui exécutèrent les vitraux du Val-de-Grâce, etc.; et quelques verrières — comme l'*Assomption* de la cathédrale de Bayeux — qui rappellent les vitraux du XVIe siècle. Dans les rares sujets religieux qu'on interprète encore, la grisaille prend une importance exagérée; on ne se sert plus de verres teints dans la masse, et les panneaux cessent de recevoir une configuration appropriée aux divers objets qu'ils doivent figurer.

Au XVIIIe siècle, non seulement on ne confectionne plus, en fait de verres peints, que quelques bordures ornées de rinceaux de feuillage, mais, pour laisser pénétrer le jour, on détruit systématiquement dans les vieilles basiliques les beaux vitraux des siècles passés. Les seuls essais sérieux pour remonter ce courant désastreux, qui soient alors tentés en Europe, ont lieu en Angleterre, et l'on peut dire que l'effet n'en est guère heureux. Quant à la France, malgré le beau livre où Le Vieil avait pris soin d'enregistrer, pour l'instruction de ses contemporains, les procédés en usage aux siècles précédents, il semble que le secret de la peinture sur verre y soit si bien oublié, que trois artistes étrangers, l'Allemand Danneker en 1764, l'Anglais Robert Scott Godfrey en 1769, enfin un Belge, J.-B. Plumeau Le Petit, ne craignirent pas de solliciter des subsides du gouvernement, pour venir nous en révéler les secrets, qu'ils prétendaient avoir retrouvés à grand'peine.

A cette prétention, sur laquelle on lui demande son avis, Cochin répond qu'à la vérité on ne fait plus usage de la peinture sur verre, « parce que ni dans les appartements, ni même dans les églises, on ne veut plus rien qui puisse diminuer la lumière »; que le secret dont on parle n'a pas cessé d'être connu, mais « que quand il seroit bien prouvé qu'il eût été perdu et qu'on l'eût retrouvé, on ne sçauroit qu'en faire ».

L'événement, au surplus, justifia le pronostic de Cochin. Le peu d'encouragement qu'on lui témoigna n'empêcha pas l'Anglais Godfrey de venir s'installer en France. Pour stimuler l'attention du public, il recourut à un moyen alors nouveau : il se fit faire des réclames dans les gazettes en vogue[1]. Mais le succès ne couronna pas ses efforts. Il espérait faire fortune ; « il ne trouva pas même à fournir un carreau de vitre[2]. »

Enfin, en notre siècle, un certain nombre de tentatives auxquelles des hommes de talent comme Dihl, Mortelègue, Leclair, Maréchal de Metz, Thibaut et Thévenot de Clermont-Ferrand, Lamy de Toulouse, Oudinot,

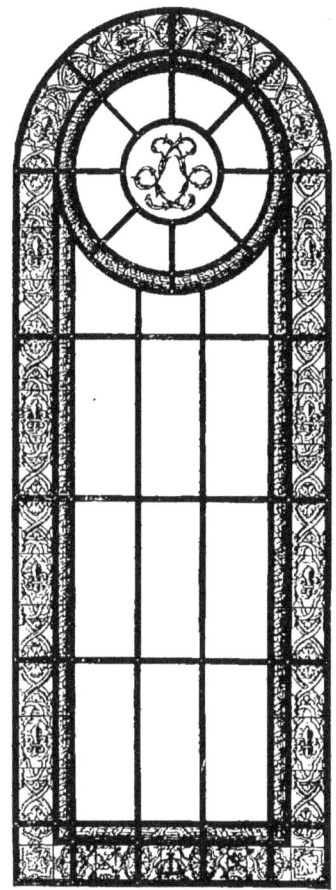

Fig. 102. — Vitrail de la chapelle du roi à Versailles.

---

1. Voir l'*Avant-Coureur* du 29 mai, le *Mercure* de juillet 1769 et la *Correspondance secrète* de mai 1777.
2. *Archives de l'art français*, t. IV, p. 199, et *Nouvelles Archives de l'art français*, 3ᵉ série, t. IV, p. 229 et 234.

Champigneules, Gaudin, Jacques Galland, ont attaché leurs noms, se sont produites, mais sans donner les résultats heureux qu'on était en droit d'attendre de tant de bonne volonté et de si persistants efforts. La protection, du reste, de l'État et l'établissement d'un atelier de peinture sur verre à Sèvres ne furent pas davantage capables de rendre à ce bel art son antique splendeur. C'est à peine si quelques copies adroites et quelques ingénieuses restitutions, en permettant de compléter des ensembles mutilés, ont montré que dans l'art de la vitrerie nos artistes étaient encore en état de réparer certains désastres, et d'exécuter des reproductions intelligentes; mais chaque fois qu'abandonnés à eux-mêmes ils ont dû faire acte de créateurs, la réussite n'a qu'exceptionnellement couronné leurs efforts; moins toutefois par ignorance du dessin, par manque de goût ou par impéritie, que par oubli ou méconnaissance volontaire des règles et des exigences qui gouvernent l'art de la peinture sur verre.

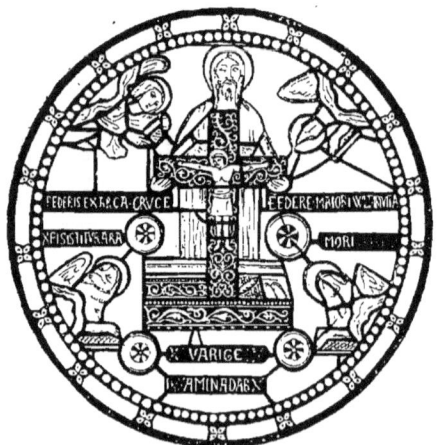

Fig. 103. — Médaillon provenant de l'Abbaye de Saint-Denis.

V

LA VERRERIE A VENISE

Après avoir retracé aussi brièvement que possible l'histoire du vitrail en France depuis le xiie siècle jusqu'à nos jours, il nous faut revenir à la verrerie de service connue dans le commerce sous le nom de gobeleterie.

Nous croyons avoir établi dans notre avant-dernier chapitre — d'une façon suffisante pour n'y point revenir — qu'en dépit des affirmations de Loysel et de Labarte, cette fabrication n'avait jamais été abandonnée en France, et que sa production même fut toujours importante.

Mais si aucun doute ne peut subsister sur ce point, il n'en va pas de même quand, au lieu d'envisager la verrerie de table ordinaire, on s'occupe de la verrerie de grand luxe, de celle qui, exécutée en verre blanc ou coloré dans la masse, était rehaussée de peintures en émail et de dorures. En vain peut-on objecter — les admirables vitraux de nos cathédrales en font la preuve — que les verriers français ont toujours excellé à teindre le verre; en vain peut-on invoquer les récompenses accordées par Charles VI aux verriers Jehan et Guillaume, admis à présenter au roi, dans le Louvre même, certains de leurs ouvrages ; en vain peut-on rappeler la visite que ce prince fit à la verrerie de la forêt de Chevreuse, où il « estoit allé voir faire les voirres[1] », et s'appuyer sur cette présomption que le roi ne se

---

1. Les *Comptes royaux* (Bibl. Nat., ms. n° 2705, f° 189) portent : « A Guillaume le voirrier, lequel avoit présenté au roy voirres, pour don à luy fait, le roy au Louvre, LXIIII s. p. — A Jehan le voirrier de la forêt Dotte (d'Hote), lequel avoit présenté au roy voirres par plusieurs fois, pour don à luy fait, LXIIII s. p. — A M. Jehan de Montagu, secrettaire, pour don fait par lui aux voirriers, près de la forest de

serait pas dérangé pour voir façonner des gobelets ordinaires et grossiers. Il faut bien reconnaître qu'aucun document certain ne vient prouver que la verrerie de luxe ait été fabriquée chez nous durant le xiiie et le xive siècle, et si l'on rencontre dans un inventaire royal la description d'un verre de prix, cette description est presque toujours accompagnée d'une mention constatant sa provenance exotique.

Enfin il ne faut pas oublier que dans son résumé des procédés usités de son temps, pour décorer d'or et d'émail les coupes de verre, le moine Théophile indique ces procédés comme étant exclusivement en usage chez les Grecs. Son chapitre XII, en effet, intitulé DES COUPES DE VERRE QUE LES GRECS ORNENT D'OR ET D'ARGENT, commence par ces mots : « Les Grecs font également, avec les mêmes pâtes teintes en couleurs de saphir, des coupes précieuses pour boire, et voici comment ils les ornent[1]... » Or, les Grecs dont parle Théophile ne sont autres que les sujets de l'empereur de Constantinople, que les habitants de Byzance, qui possédait, on le sait, une porte de la Verrerie, et dont les productions, confondues plus tard avec celles de la Syrie et de l'Égypte et désignées sous le nom générique « d'œuvres de Damas », jouirent, durant tout le Moyen Age, d'une notoriété exceptionnelle.

Les Vénitiens furent pendant longtemps les seuls importateurs en Occident de ces précieuses verreries. Cette importation leur permit même de vendre, conjointement avec les belles pièces rapportées par eux d'Asie Mineure ou de Thessalonique, beaucoup de leurs propres ouvrages exécutés à Murano et copiés sur les modèles orientaux ; en

---

Chevreuze, où le roy estoit alléz voir faire les voirres, etc., vii liv. iiii sols. »

1. Caput xiii, DE VITREIS SCYPHIS, QUOS GRÆCI AURO ET ARGENTO DECORANT : « *Græci vero faciunt ex eisdem saphireis lapidibus, preciosos scyphos ad potandum,* » etc.

même temps qu'en Orient ils répandaient à pleins navires d'autres verroteries — perles, pierres fausses et même bijoux de verre — connues dès le XIIIe siècle, dans tout le Levant, sous le nom de *conterie*.

Puis, après l'invasion de l'empire d'Orient par les Turcs, ils profitèrent de l'émigration des artistes et des artisans qui suivit la prise de Constantinople (1453), pour offrir aux transfuges un asile d'autant plus apprécié par eux que, dès le XIVe siècle, l'art de la verrerie avait cessé d'être considéré à Venise comme une industrie purement mercantile[1]. Bientôt même, grâce à cet exode, les verriers vénitiens, initiés par les nouveaux arrivants à tous les procédés usités en Asie et à Byzance pour colorer, dorer et émailler le verre, produisirent à leur tour cette multitude de beaux ouvrages qui devaient porter si haut et si loin la juste renommée de leur verrerie. Et rien n'était plus légitime; car

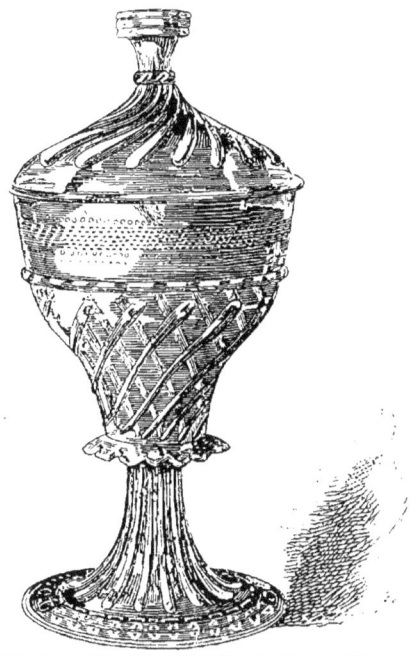

Fig. 104. — Verre émaillé. (Fabrication vénitienne, fin du XVIe siècle.)

---

1. Un décret du sénat du 15 mars 1383, relatif aux verreries de Murano, se termine par ces mots : « *Ut ars tam nobilis semper stet et permaneat in loco Murani.* » (FANELLO, *Faggio storico di Murano*, p. 29 et 30.) Les principaux verriers de Murano étaient alliés aux familles patriciennes de Venise, et la petite île possédait, elle aussi, son *Livre d'or*.

ce développement de l'industrie de Murano, coïncidant avec le grand mouvement artistique imprimé par la Renaissance à toutes les productions italiennes, donna le jour à des verreries absolument supérieures, et qui justifient am-

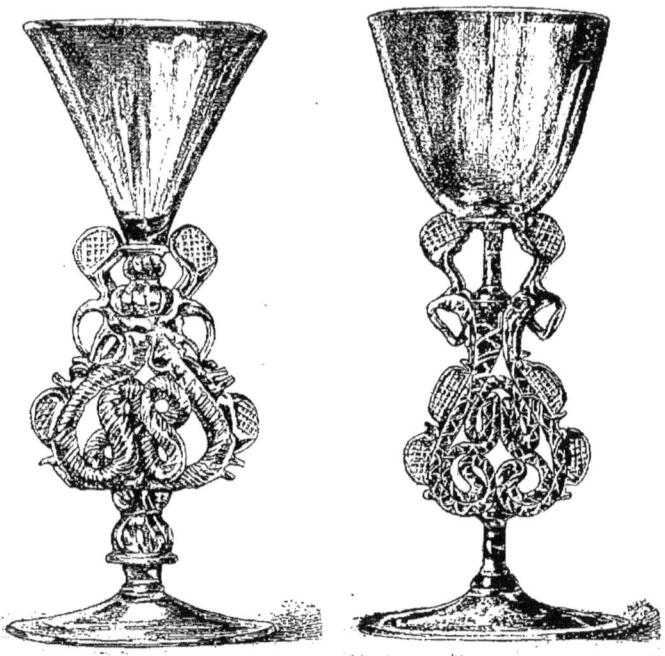

Fig. 105 et 106. — Verres blancs à ailettes. (Venise, XVIe siècle.)

plement, par leur richesse et leur élégance, leur réputation universelle.

Ces beaux ouvrages peuvent être divisés en quatre catégories principales :

1° Les VASES EN VERRE BLANC, c'est-à-dire transparent et incolore, qu'ils parvinrent à faire d'une finesse, d'une ténuité, d'une légèreté invraisemblables, et qu'ils décorèrent de godrons soufflés dans un moule, de rosaces et de fils de verre également transparent et incolore, rapportés pendant la fabrication, et enfin de pieds, d'anses tordues et d'ailettes étranges, qui paraissent au premier abord destinées à en rendre l'usage impossible. Il semble, en effet,

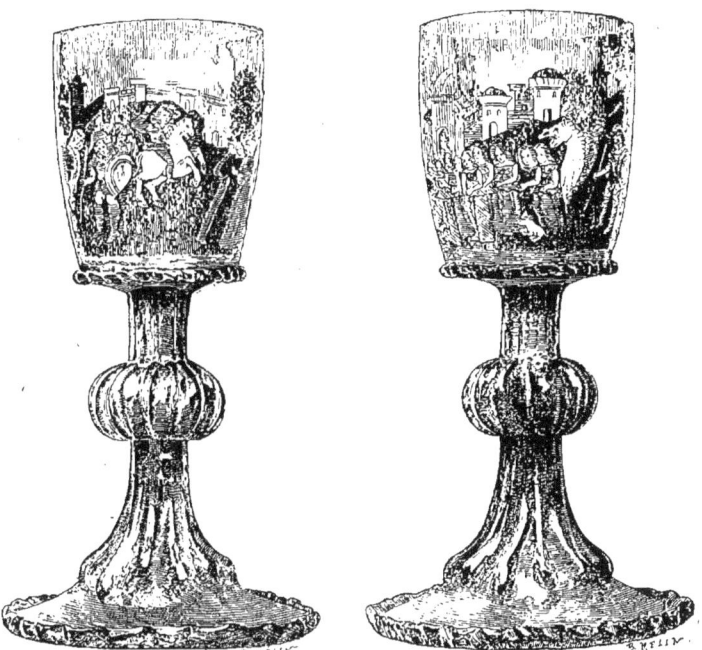

Fig. 107 et 108. — Verres de couleur à sujet émaillé. (Venise, XVIe siècle.)

tant elles sont délicates, qu'on ne puisse toucher ces belles verreries sans qu'elles se rompent.

2° Les VASES FABRIQUÉS EN VERRE TEINT DANS LA MASSE, qui peuvent bien remonter, à Venise, aux premières années du XIVe siècle, y furent également portés à la perfection. Ils eurent pour point de départ l'imitation, on pourrait même dire la contrefaçon des pierres précieuses, qui joua un rôle important dans ces ouvrages de *conterie* dont nous parlions à l'instant. Grâce à un mélange de safre (cobalt), les verriers de Murano avaient simulé le saphir; avec une légère addition de manganèse, ils contrefirent l'améthyste; les oxydes de cuivre leur fournirent de fausses émeraudes; avec l'oxyde d'argent ils obtinrent de fausses topazes, et de fausses perles en employant l'oxyde d'étain, qui leur permettait aussi de fabriquer ce verre « blanc de lait » (*latticinio*) dont ils firent un si grand usage dans la verrerie de table. Par la suite, à l'aide de mélanges de pâtes de verre, ils parvinrent à imiter l'agate, la sardoine, le jaspe[1], et à renouveler tous les tours de force des verriers de l'Antiquité, et plus tard encore à contrefaire l'aventurine.

C'est à Angelo Beroviero, verrier de Murano, qu'on fait généralement honneur des grands progrès réalisés au xve siècle dans la coloration des pâtes de verre. Toutefois il convient de remarquer, avec M. Labarte[2], que les perfectionnements attribués à ce verrier célèbre coïncident, comme date, avec la prise de Constantinople, et par conséquent avec l'émigration des artistes grecs en Italie.

3° Les VASES DORÉS ET ÉMAILLÉS. On comprend aisément que ces belles pâtes imitant les pierres les plus précieuses — quand elles n'étaient pas mélangées de façon à former des jaspures ou à simuler les veines de l'onyx — appelaient un supplément de décoration soit en or, soit en couleurs vitrifiables, appliqués au pinceau et fixés à l'aide d'une recuisson. Les Vénitiens furent, pour ce genre de produits, les imitateurs des Grecs, qu'ils remplacèrent à la chute de l'empire d'Orient. Mais ils apportèrent dans ce travail des éléments nouveaux d'ornementation.

---

1. L'*Inventaire du duc d'Anjou* (1360) décrit : « Un pichier de voirre vermeil semblable à jaspe; » celui de Charles le Téméraire : « Ung hanap de jaspre garny d'or, à œuvre de Venise. »
2. *Histoire des arts industriels*, t. III, p. 385.

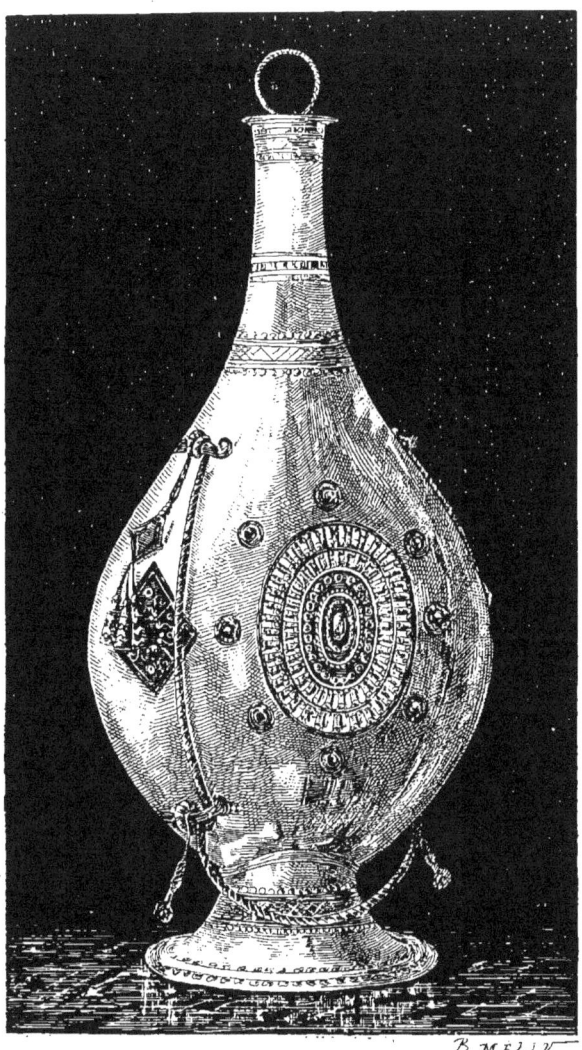

Fig. 109. — Gourde en verre émaillé et doré. Travail vénitien du XVIe siècle. (MUSÉE DU LOUVRE.)

Les scènes gracieuses, les portraits délicats, les petits personnages agréablement dessinés, chevaliers avec leurs cottes d'armes, gentilles dames aux longues nattes dépassant la ceinture, jeunes cavaliers aux vêtements qui soulignent leurs formes, Amours, génies, chérubins, dieux du paganisme ou pieux personnages encadrés et reliés par des guirlandes, des philactères et des banderoles chargées d'inscriptions, forment le fond de cette décoration charmante, qui se développe entre de légères frises formées de grecques ou d'imbrications d'or, bordées de perles.

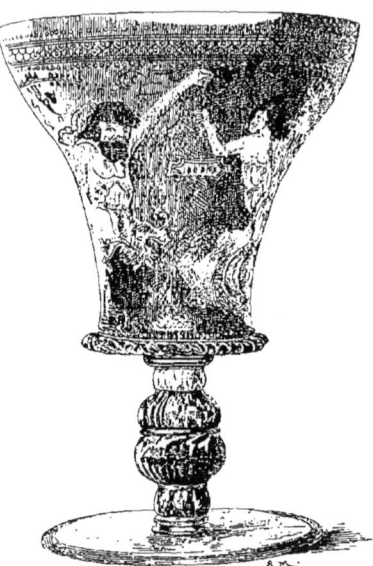

Fig. 110. — Coupe en verre de couleur émaillé. (Venise, XVIᵉ siècle.)

Ce qu'étaient de pareils ouvrages, nos gravures ne peuvent en donner qu'une idée très incomplète. L'effet qu'ils produisaient était sans pareil, et quand on a pu tenir dans ses mains quelques échantillons de cette superbe industrie, on partage l'enthousiasme du frère Felice Fabro, d'Ulm, qui s'écriait en 1484[1] : « On ne voit nulle part au monde des verreries aussi précieuses que celles qui se fabriquent à Murano chaque jour, et il n'existe pas ailleurs d'artistes capables de faire, avec une matière si fragile, des vases d'une élégance et d'une beauté telles qu'ils l'emporteraient sur les vases d'or et d'argent, et

1. *Fr. F. Fabri Evagatorium in terræ sanctæ Arabiæ et Ægypti peregrinationem*; Stuttgart, 1843-1849.

même sur ceux qui sont ornés de pierreries, s'ils étaient aussi solides que ceux de métal. »

Cette dernière phrase évoque le souvenir d'une anecdote curieuse advenue quelques années plus tôt (1468). L'empereur Frédéric III se trouvant à Venise, le Doge et le Sénat lui offrirent un de ces verres merveilleux. L'empereur s'extasia comme il convenait sur la beauté du cadeau et sur le mérite de l'artiste. Mais tout à coup, comme par mégarde, il laissa tomber le précieux vase, qui se brisa en mille morceaux. Alors, feignant d'être désespéré, il en ramassa les débris en s'écriant : « Voilà pourtant en quoi les vases d'or et d'argent valent mieux que les vases de verre : c'est que les morceaux mêmes en sont bons. » Le Doge et le Sénat comprirent la signification de cette plaisanterie tudesque. A partir de ce jour, on ne servit plus l'empereur que dans des vases d'argent et de vermeil, qu'il se garda bien de laisser tomber.

4° Les VASES FILIGRANÉS excitèrent encore, s'il est possible, plus de curiosité, d'étonnement et d'admiration que les vases émaillés et dorés. L'extrême complication de ce travail, que nous expliquons autre part, l'impossibilité de pénétrer, par l'examen seul de l'objet, le mystère de sa fabrication, portèrent au plus haut point la renommée des verriers vénitiens.

Enfin, comme si tous ces mérites éminemment artistiques n'étaient pas suffisants pour leur assurer la suprématie dans une industrie où ils avaient produit tant de chefs-d'œuvre, les verriers de Murano avaient accrédité cette croyance que leurs verres se brisaient quand on y versait du poison. Ce préjugé, généralement admis au Moyen Age, persista même fort longtemps, car le docteur Christophe Merret n'hésita pas à le rééditer en plein XVIIe siècle. Ayant indiqué la cause de rupture de certains verres, il ajoute : « C'est apparemment par la même cause que le verre de Venise se casse, à ce qu'on dit, lorsqu'on y met du poison, ce qui pourrait être vrai de certains poisons tirés des minéraux, mais non de ceux qui viennent des végétaux[1]. »

A tous ces beaux produits qui justifiaient amplement l'extension et la prospérité de leurs verreries, les Vénitiens ajoutèrent, à partir du xve siècle, une autre spécialité, qui devait accroître encore singulièrement la renommée de leurs fabriques et le chiffre de leurs transactions. Nous voulons parler des miroirs dont, pendant près de deux siècles, ils eurent le monopole.

Une si triomphante réussite n'avait pas été, on le conçoit, sans exciter au plus haut point la jalousie et l'envie des rois de France. Tous brûlaient du désir d'exonérer leur royaume du tribut qu'il devait payer à Venise, pour ses expéditions de verres *cristallins;* car c'était sous ce nom, destiné à bien caractériser leur pureté et leur éclat, que les produits de Murano étaient dès lors désignés. Aussi, à partir du xvie siècle, de nombreuses tentatives furent-elles faites pour débaucher des ouvriers vénitiens, et les amener à transporter chez nous leur précieuse industrie.

En 1508, la municipalité de Lyon accordait un subside à Mathieu de Carpel (*alias* di Capello) pour l'aider à développer la manufacture de « voirres de cristallin » qu'il venait de fonder dans cette ville[2]. Quarante ans plus tard, Henri II attirait en France le Vénitien Théséo Mutio et l'établissait dans le château même de Saint-Germain, pour qu'il pût exercer son métier de verrier en toute franchise; et en 1560, dans l'*Inventaire* dressé à la suite de la mort de Henri II, on remarque quelques pièces qui semblent sorties de cette première manufacture royale. Nous citerons dans le nombre : « Ung voere d'esmail blanc sur fond violet; — Ung petit vaze de cristallin blanc; — Deux autres vazes de voere retirans à agathe... » Avec l'*Inventaire de Catherine de Médicis,* pas d'erreur possible. On relève,

---

1. *L'Art de la verrerie* de Nerri, Merret et Kunckel, p. xxii.
2. *Actes consulaires de la ville de Lyon,* série BB, reg. 28.

en effet, dans ce document « treize pièces de verres, façon de Saint-Germain-en-Laye ».

On sait, du reste, que cette manufacture survécut au prince qui l'avait établie. Charles IX anoblit Théséo Mutio, et en admettant même, comme le prétend Mézeray, que les guerres civiles aient temporairement obligé les verriers qui l'exploitaient à éteindre leurs fourneaux, encore la fabrique recommença-t-elle de travailler, une fois le calme revenu. Car nous savons par Héroard que Louis XIII enfant, étant à Saint-Germain, aimait à « aller voir faire verres au fourneau fait sous une des arcades de la terrasse[1] ». Bien mieux, en 1641, il érigeait cet atelier en Manufacture Royale.

Ajoutons que Henri IV avait, lui aussi, cherché à attirer des verriers vénitiens en France. Il avait même favorisé l'établissement de deux fabriques, l'une à Paris, près de l'église Saint-Germain des Prés, et l'autre à Nevers. Cet exemple, en outre, fut suivi par plusieurs princes étrangers. Des verriers vénitiens furent appelés en Allemagne, et une *Ordonnance* des archiducs Albert et Isabelle nous apprend qu'un privilège pour fabriquer des verres cristallins « contrefaits à la façon de Venise » avait été attribué en 1600 à Philippe Gridolphi[2].

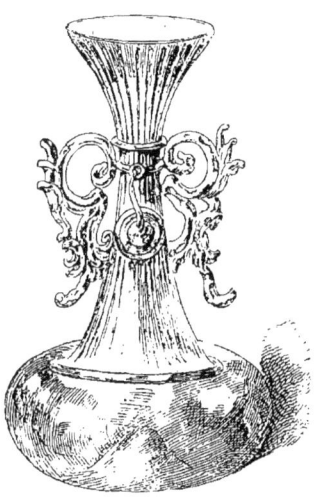

Fig. 111. — Flacon à ailettes en verre blanc. (Venise, XVIIᵉ siècle.)

Tous ces efforts, au surplus, allaient bientôt porter leurs fruits, et Venise ne devait pas tarder à voir décliner cette

1. *Journal de Jean Héroard* à la date du 16 septembre 1606.
2. *Archives du Nord*, série B, nº 1836.

belle industrie de Murano, qui acheva de péricliter lorsqu'on eut découvert en France le coulage des glaces à miroir, et quand, en Europe, on eut pris l'habitude de préférer les solides profils des cristaux taillés de Bohême, aux délicieuses fantaisies du verre soufflé, émaillé, doré, filigrané, etc.

C'est de nos jours seulement, c'est-à-dire depuis une trentaine d'années, que des efforts sérieux ont été faits pour rendre aux ateliers de Murano, sinon l'ancienne prospérité qui, au XVIe siècle, en faisait un objet d'envie pour tous les peuples de l'Europe, du moins une productive importance. Grâce au goût d'archaïsme qui distingue notre temps, un certain nombre de verriers d'une habileté rare, à la tête desquels il faut placer MM. Salviati, Radi, Bussolini, Weberbeck et les directeurs de la grande compagnie Murano-Venise, ont pu renouveler la plupart des tours de force exécutés par leurs devanciers. On a vu d'eux, à Paris, en 1878, « des pièces d'une difficulté inouïe de fabrication », dont la « diversité de formes, les combinaisons de couleurs, de création presque fantastique », excitèrent l'admiration la plus vive[1]. Malheureusement certaines de ces belles verreries atteignaient une valeur de 5,000 à 6,000 fr. C'est assez dire qu'on les doit regarder comme des pièces de collection, et non comme des objets d'usage.

Les verriers de Murano ont également trouvé dans la fabrication du *smalt,* ou verre de couleur destiné aux mosaïques, un élément de transactions importantes. Mais s'ils ont prouvé que la science moderne permet aujourd'hui de refaire tout ce qui parut merveilleux au temps passé, par contre, il ne semble pas que les artistes dont ils utilisent la collaboration aient déployé une puissance créatrice ni même un talent d'exécution capables de faire oublier leurs prédécesseurs des grandes époques.

1. *Rapports du jury international : les Cristaux, la Verrerie, les Vitraux,* par MM. Didron et Clémandot, p. 48.

VI

LA VERRERIE FRANÇAISE AU XVIe ET AU XVIIe SIÈCLE

Si, pendant tout le xve et le xvie siècle, la verrerie vénitienne jouit dans le monde entier d'une réputation sans rivale, il ne faudrait pas conclure, toutefois, de l'excès même de cette réputation, que dans les autres régions de l'Europe, et en France notamment, la production verrière, pendant cette même période, puisse être considérée comme une quantité négligeable.

Nous avons démontré, dans un précédent chapitre, que, durant tout le Moyen Age et sur toute l'étendue du territoire français, la fabrication était tellement active que, par suite de la concurrence, le prix des verres — comme le constate Bernard Palissy — avait été en s'avilissant au point de tomber à presque rien; et cette abondance de production est encore attestée par la curieuse vignette que nous reproduisons sur notre titre, et surtout par le cri si particulier à l'aide duquel, dès le Moyen Age, les colporteurs annonçaient leur fragile marchandise :

> Gentils verres, verres jolis,
> A deux liards les verres de bière[1] !

Enfin les diverses tentatives que nous avons signalées pour acclimater en France l'industrie de Murano n'étaient pas demeurées absolument infructueuses. A partir du xvie siècle, les verres de grand luxe, peints, dorés, émaillés, devinrent également de fabrication assez courante dans certaines de nos provinces, et les échantillons qui en sont parvenus jusqu'à nous, montrent que nos gentilshommes

---

1. Voir *Farce des cris de Paris, ancien théâtre françoys*, t. II, p. 311; *Paris ridicule et burlesque au dix-septième siècle*, p. 310.

verriers et nos peintres sur verre savaient, eux aussi, apporter dans leurs ouvrages leur contingent d'habileté, d'ingéniosité et de talent. « Sans s'égarer, à la suite de leurs confrères de Murano, dans la recherche de ces formes légères à l'excès et compliquées à plaisir, sans sortir de ces données de simplicité élégante où l'esprit français se meut toujours à l'aise, ils surent enfanter de charmants modèles qui, au mérite de rester pratiques, joignent, pour le plaisir de nos yeux, celui de se parer d'une décoration délicate et charmante[1]. »

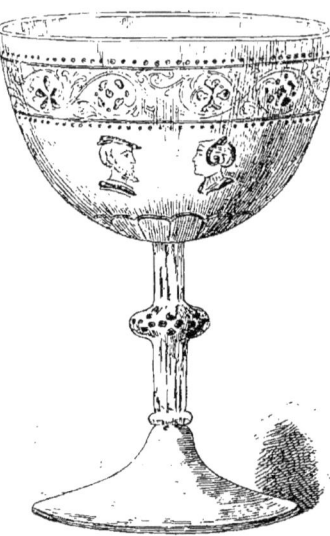

Fig. 112. — Verre français émaillé à portraits (XVIᵉ siècle).

On peut voir dans ce genre, au musée de Cluny, des échantillons exquis du savoir-faire de nos verriers. La jolie coupe qui porte sur son pied les armes émaillées de Louis XII et d'Anne de Bretagne ; le verre où sont les portraits de Pierre Talon et de sa femme ; celui qui, avec trois hallebardiers, étale cette devise : EN LA SUEUR DE TON VISAGE TU MANGERAS LE PAIN, sont, dans un esprit différent, des ouvrages de premier ordre. Au Louvre on admire un verre émaillé à portrait, provenant de la collection du baron Davillier, qui ne le cède en rien à ces œuvres si remarquables.

Un certain nombre de pièces possédées jadis par M. d'Huyvetter, de Gand, un verre très curieux de fiançailles prêté par M. Slade à la grande exposition de Manches-

1. *Dictionnaire de l'Ameublement et de la Décoration*, 1ʳᵉ éd., t. IV, col. 1564.

ter, représentant un gentilhomme, en costume du temps de Henri II, offrant un bouquet à une dame, avec la devise IE SVIS A VOVS, IEHAN BOVCAN ET ANTOINETTE BOVC; d'autres verres où l'esprit enjoué et la galanterie traditionnelle de nos ancêtres se traduisent par des inscriptions pleines de vaillante humeur : MON CVER AVEZ, ou encore A BON VIN FAVLT POINT ENSEIGNE; toutes ces pièces, trop rares spécimens parvenus jusqu'à nous d'ustensiles qui furent assurément fort nombreux, prouvent que dans la verrerie, non plus que dans les autres *Arts de l'Ameublement*, l'esprit et le goût français n'abdiquèrent jamais leurs droits.

Les guerres civiles qui marquèrent la fin du XVIᵉ siècle ne manquèrent pas d'être funestes à la

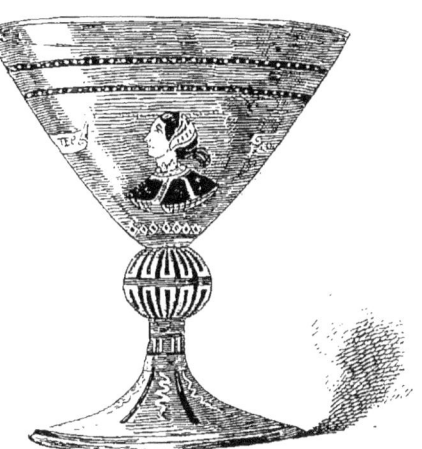

Fig. 113. — Verre français émaillé à portraits (XVIᵉ siècle).

fabrication verrière, comme, du reste, à toutes nos autres industries d'art. Henri IV, qui avait à cœur de vivifier les diverses branches de notre activité nationale, ne se contenta pas de relever de ses ruines la manufacture de Saint-Germain. Il établit à grands frais, nous l'avons dit au précédent chapitre, deux autres verreries, l'une à Nevers, l'autre à Paris[1], au faubourg Saint-Germain-des-Prés. Au mois de janvier 1598, il concéda à deux Italiens originaires d'Altare, Vincent Bussoni et Thomassin Bartholus, le pri-

---

1. Legrand d'Aussy, *Histoire de la vie privée des François*, t. III, p. 186.

vilège de construire une verrerie à Rouen ou dans ses faubourgs. Enfin, sept ans plus tard (1605), cette même ville se voyait dotée d'une verrerie, fabriquant du cristal, dirigée par François Garsonnet[1]. Si l'on veut se rappeler qu'à la même époque l'Italien Sarode, appelé à Paris par Henri IV, avait fondé avec un de ses compatriotes, Horatio Ponte, à Lyon, à Melun, puis à Nantes, des manufactures de cristal, on ne manquera pas de reconnaître que ce prince avait imprimé à cette belle industrie une activité exceptionnelle.

Le Béarnais, au surplus, suivait en cela l'exemple de ses devanciers. Nous avons signalé l'intérêt tout spécial que Henri II avait témoigné à l'art de la verrerie. François Ier et Charles IX ne s'étaient pas montrés moins bienveillants à l'égard des gentilshommes verriers de leur temps.

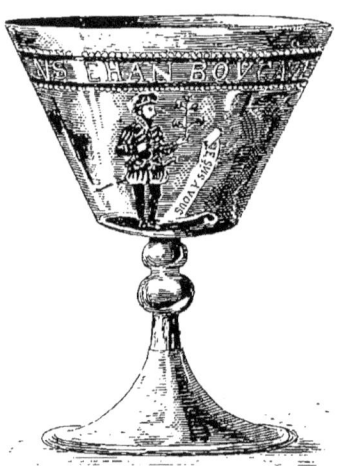

Fig. 114. — Verre français émaillé à personnages et inscriptions (XVIe siècle).

En 1533, Étienne Brossard, « maître verryer de la verrerye nommée Charles Fontayne, paroisse [de] Saint-Gobain, près La Fère », ayant vu son établissement détruit par le feu, s'adressa à François Ier, qui lui fit remettre 400 livres « en don et aumosne pour luy aider à réédiffier sa maison ». En 1538, ce même prince autorisait Antoine de Gaultier, « maistre de la verrerie de Grisolles », à faire enlever « telle quantité de boys mort versé par terre, qu'il pourra prendre et lever en la forest de Rye, et ce durant ung ans, pour lad.

---

1. A. de Girancourt, *Nouvelle Étude sur la verrerie de Rouen*, p. 66.

quantité de bois convertir et employer à l'entretènement et chauffaige de lad. verrerie, à quelque valeur et estimation que led. bois puisse monter, et sans ce qu'il en soit tenu payer aucune chose ». En 1563, par *Lettres patentes* données à Melun, Charles IX confirma et étendit les privilèges accordés aux verriers par les rois Charles VI et Charles VII. Henri IV, on le voit, ne faisait que se conformer à d'augustes précédents.

Ces heureuses traditions persistèrent. Au xviie siècle, le médecin Héroard rapporte que le jeune Louis XIII, chaque fois qu'on le conduisait chez la reine Marguerite, se faisait mener à la verrerie établie près de Saint-Germain des Prés, et qu'on exécutait sous ses yeux « des verres, des paniers, des cornets, etc. », et autres « petites besognes[1] ». Nous savons également, qu'étant enfant, ce prince s'amusait « de petits chiens de verre et autres animaux faits à Nevers[2] ».

Malheureusement il ne nous reste que bien peu d'ouvrages authentiques des manufactures françaises de ce temps. Ne manquons pas de citer, toutefois, deux pièces de verre opalin, enrichies de peintures en couleur d'émail et décrites par M. Labarte[3]. Sur la panse de l'aiguière on voyait un boulanger devant son pétrin avec cette inscription : VIVE LA BELLE QUE MON COEVR AISME, inscription enthousiaste qui se trouvait reproduite sur le bassin avec la date 1625.

Mais s'il ne nous a été conservé que de très rares spécimens de cette fabrication à l'aurore du xviie siècle, nous connaissons, par le curieux ouvrage du prédicateur René[4], les diverses espèces de verre qu'on fabriquait à cette épo-

1. *Journal de Jean Héroard*, t. Ier, p. 190, 380, et t. II, p. 64, 78, 95.
2. *Ibid.*, t. Ier, p. 150.
3. *Histoire des arts industriels*, t. III, p. 397.
4. *Essay des merveilles de nature*; Paris, 1622, p. 373, 374.

que, et les formes variées qu'on leur faisait revêtir. « On en fait, écrit-il, qui ont un beau jour, d'autre qui ne porte point de jour, d'autre à jour sanguin et rougeâtre, de couleur de ciel, et toutes les pierreries se voyent imitées en la verrerie, qui est comme l'apprentissage de Nature, quand elle minutoit de renfermer l'esclat de sa Majesté dans ces joyaux qui sont les estoilles de la terre. » Et plus loin, plaisantant sur l'aspect passablement excentrique dont étaient gratifiés alors les verres à boire : « On boit, ajoutait-il, un navire de vin, une gondole, un boulevart tout entier. On avale une pyramide d'hypocras, un clocher, un tonneau. On boyt un oyseau, une baleine, un lion, toutes sortes de bestes potables et non potables ; le vin se void tout estonné prenant tant de figures, voire tant de couleurs, car ès verres jaunes le vin clairet s'y fait tout d'or, et le blanc se teint en escarlatte dans un verre rouge ».

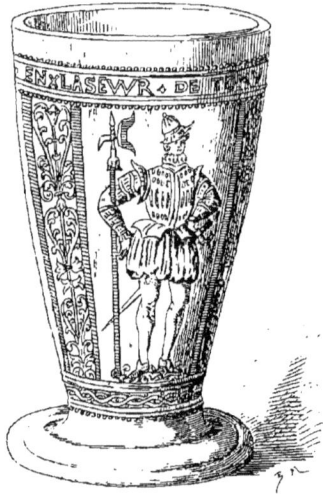

Fig. 115. — Verre français émaillé à personnages et inscriptions (XVIe siècle).

On a accusé Louis XIV d'avoir dédaigné l'industrie verrière. « Colbert, que trop souvent le génie de Louis XIV tourna plus vers les choses brillantes que vers les choses utiles, écrit Legrand d'Aussy, Colbert créa des manufactures de glaces et s'occupa peu des objets de verreries qui n'étaient pas luxe[1]. » C'est là une erreur qu'il importe de rectifier. Colbert ne marchanda pas les subsides royaux à nos principales verreries, et notamment à celle de Saint-

---

1. *Histoire de la vie privée des François*, t. III, p. 186.

Germain-des-Prés. En outre, à son instigation, Louis XIV, à l'instar de son père et de son aïeul, honora les verreries parisiennes de ses augustes et solennelles visites. La *Gazette de France* du 23 octobre 1666 nous apprend que « le 14 de ce mois, Sa Majesté visita la verrerie royale du faubourg Saint-Antoine, où elle veid travailler, avec beaucoup de satisfaction, le sieur de La Grange, qui en est le maître, et d'autres gentilshommes, à quantité de vases des plus rares ; puis Elle entra au Cabinet où sont les pièces curieuses, dont Elle choisit grand nombre pour son chasteau de Versailles ». Nous savons par le *Mercure* qu'en 1686 les ambassadeurs siamois qui se rendaient près du Grand Roi s'arrêtèrent à la verrerie d'Orléans, où le sieur Perrot leur fit les honneurs de sa manufacture. Le propriétaire de cette importante verrerie avait obtenu, par *Lettres patentes* des 13 juillet 1662, 7 décembre 1668 et 28 février 1672, le privilège « d'y fabriquer ou faire fabriquer, avec tels associés et par tels ouvriers que bon lui semblera, pendant le temps de vingt années, toutes sortes d'ouvrages de cristal, de verre commun, de verre teint et d'émail et autres sortes de verrerie, en telles figures, fassons, manières et grandeur qu'il conviendra pour la commodité publique ».

Abraham du Pradel[1], de son côté, nous apprend que la verrerie d'Orléans, sous l'habile direction de Perrot, contrefaisait l'agate et les gemmes, imitait avec du verre émaillé la porcelaine de Chine, et jetait le verre en moules de façon à obtenir des bas-reliefs ou d'autres ornements. Du Pradel parle également avec éloge du sieur Massolat, maître de la verrerie de Rizaucourt, qui imitait avec le plus grand succès le cristal taillé de Bohême. Il n'est donc pas exact de prétendre, comme l'ont fait certains écrivains, que la verrerie française, au XVIe et au XVIIe siècle, objet d'un injuste dédain, ne produisit que des œuvres médiocres, ou

---

1. *Livre commode* ; éd. de 1691, p. 30, 31.

d'affirmer, avec Mme de Genlis, que la qualité de gentilshommes, conservée aux maîtres verriers, leur venait de ce que « tout ce qui avait quelque rapport au vin était particulièrement respecté en France ».

La vérité c'est qu'on produisit alors beaucoup de belles verreries. Ce seul fait, du reste, que le verre avait accès sur la table royale, dit assez quelle importance on attachait à sa fabrication. Mais cette fabrication, à cause même du bas prix auquel elle livrait ses produits, préoccupa peu les historiens; et les efforts des maîtres verriers, leur ingéniosité, leurs talents, se trouvèrent relégués au second plan et comme éclipsés par la découverte du coulage des glaces, qui devait révolutionner la verrerie au XVIIe siècle.

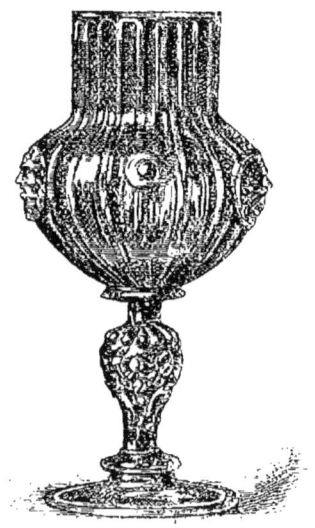

Fig. 116. — Verre à tulipes, cannelé, orné de mascarons (XVIIe siècle).

VII

LES GLACES COULÉES

Jusqu'en 1650, l'Europe entière était restée, pour les miroirs, tributaire de Murano, et les « glaces de Venise », importées à grands frais, donnaient matière à des transactions considérables.

En 1665, Colbert renouvela la tentative ébauchée déjà, mais sans succès, par Henri II et Henri IV. Il envoya des émissaires sur les bords de l'Adriatique, fit enrôler secrètement quelques verriers habiles, les fit conduire à Paris, et confia à un Français, le sieur Dunoyer, la mission d'établir au faubourg Saint-Antoine une manufacture de gobeleterie de luxe et de miroirs.

Des subsides importants furent, dans ce but, attribués au nouveau directeur, et dès l'année suivante la fabrique fonctionna. Il s'agissait de faire connaître ses produits. Pour leur donner une sorte de consécration officielle, Colbert obtint du roi qu'il visitât l'établissement, et Louis XIV, toujours magnifique, fit distribuer aux ouvriers cent cinquante doubles louis, en même temps qu'il remettait au contremaître Antonio de la Rivetta, « Vénitien, ouvrier en glaces et miroirs, venu par ordre de S. M., pour establir, en un ou plusieurs endroits de son Royaume, des manufactures des dictes glaces et miroirs », un brevet de douze cents livres de pension [1].

Colbert, au surplus, n'épargna rien pour assurer la réussite de ce premier établissement. Non seulement les *Comptes des Bâtiments* mentionnent de nombreux verse-

---

[1]. La copie de ce brevet a été retrouvée à Venise dans les papiers des Inquisiteurs.

ments d'espèces, faits aux entrepreneurs pour leur permettre de rémunérer convenablement leurs ouvriers et d'acquérir les terrains et bâtiments qui leur étaient nécessaires. Ils nous apprennent encore que, sur l'ordre du roi, le sieur Castelan, directeur de la verrerie de Nevers, envoya son gendre à Venise pour embaucher d'autres ouvriers et faire de nouvelles recrues.

Rien, toutefois, pour assurer la réussite d'une entreprise industrielle, ne vaut l'initiative privée. Aussi, pendant que Colbert fondait à grands frais la manufacture du faubourg Saint-Antoine, il s'en établissait une autre à Tour-la-Ville, près de Cherbourg, qui bientôt surpassa sa rivale de Paris, si bien que cette dernière, au bout de quelques années, se vit réduite à polir et à étamer les glaces fabriquées en Normandie. Cette transformation acheva de s'accomplir quand on eut substitué au soufflage des glaces, usité à Venise, les procédés de coulage découverts chez nous, et les seuls qui, depuis lors, soient demeurés en usage.

Nous avons constaté plus haut que cette heureuse innovation, dont personne, en Europe, ne nous dispute la priorité, et qui fait le plus grand honneur à l'industrie française, avait eu un tel retentissement au XVIIe siècle, que l'histoire de la verrerie de service s'en était trouvée reléguée au second plan et en quelque sorte éclipsée. Le curieux, c'est qu'on ne sait pas au juste quel fut l'heureux auteur de cette belle découverte.

Longtemps on l'a attribuée à Nicolas de Nehou, le directeur de la manufacture de Tour-la-Ville. Puis on en a revendiqué la gloire pour Thévart, qui, aux environs de 1680, aurait fait au faubourg Saint-Antoine les premiers essais de coulage. Enfin, dans ces derniers temps, on a produit divers documents établissant que, dès 1672, Bernard Perrot, directeur de la verrerie d'Orléans, était déjà en possession « de la nouvelle invention qu'il a trouvée de

LA VERRERIE 189

faire couler le cristal en table comme des métaux[1] ». Ce

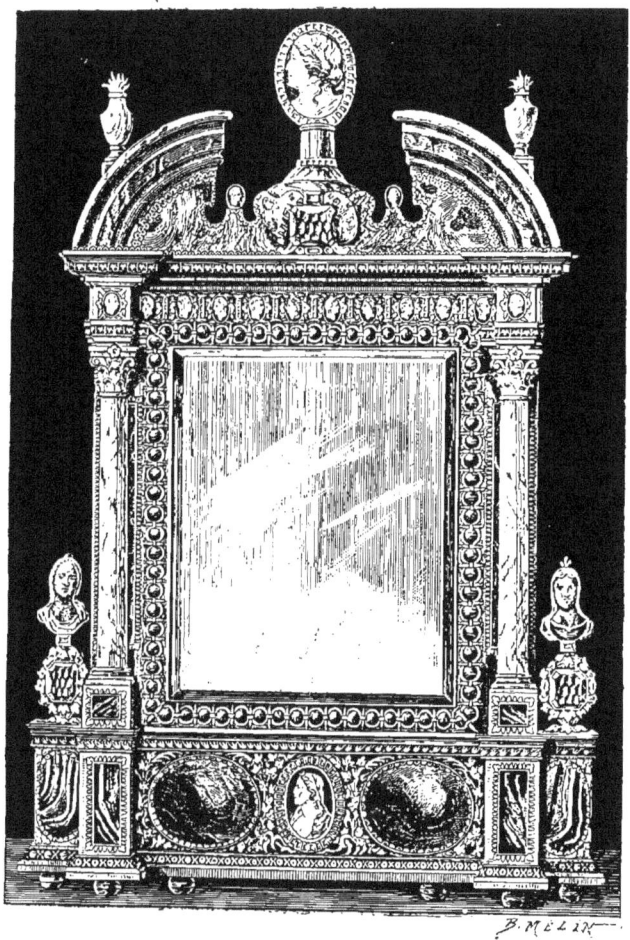

Fig. 117. — Miroir de Marie de Médicis. (MUSÉE DU LOUVRE.)

serait donc à cet habile verrier, dont nous avons déjà con-

1. Voir *Dictionnaire de l'Ameublement et de la Décoration*, seconde édition, t. II, col. 1103.

staté les mérites, que reviendrait l'honneur de cette invention si importante.

Ce qui donne un poids singulier à cette attribution, c'est qu'à partir de l'année même où Bernard Perrot se vit confirmé dans le privilège dont nous parlons, nous voyons, dans les fournitures faites à Versailles, les glaces françaises remplacer brusquement les glaces de Venise, qui, seules jusque-là, avaient été employées. En 1671, le sieur Béraudier touchait 21,948 livres 9 sols 4 den. « pour glaces de Venise qu'il a fournies et posées dans les Maisons Royalles », et à partir de 1672, c'est à Hervé de Guimont, commis de la Manufacture des glaces, ou aux directeurs de cette manufacture, que l'on s'adresse exclusivement pour des commandes qui varient annuellement entre 400 et 800 miroirs.

Nous croyons inutile d'ajouter que l'exemple du Grand Roi fut suivi par tous ceux qui, à la Ville aussi bien qu'à la Cour, se piquaient de luxe et de confort. Ce fut un engouement sans pareil. Tous les *Mémoires* du temps parlent de ces belles glaces. Mme de Sévigné, Mme d'Aulnoy, Mme de La Fayette, célèbrent avec enthousiasme cette coûteuse nouveauté. Le *Mercure* d'avril 1695, racontant le mariage du duc de Saint-Simon, vante les « grandes arcades de glace » qui ornaient le salon du duc de Lorges, beau-père du marié. Germain Brice, dans sa *Description de Paris*, signale à l'attention des étrangers l'hôtel de Thévenin, dont la décoration consistait principalement « en glaces d'une extraordinaire grandeur ». Et Louis XV, voulant se concilier l'amitié du sultan, ne trouvait pas de plus beau présent à lui faire, que de lui envoyer un miroir sortant de la Manufacture royale. On voit, par ces quelques exemples, de quelle faveur jouissaient alors les glaces coulées.

Un coup d'œil jeté sur leur prix de revient, à cette époque, fera comprendre, au surplus, quelle était la valeur marchande de pareilles décorations et de semblables cadeaux.

Les glaces de 14 pouces de hauteur valaient 10 livres le pied.

Celles de 28 en coûtaient 60 ;
Celles de 37 — 230 ;
Celles de 40 — 425 ;

en sorte qu'une glace couvrant un mètre carré (soit 36 pouces sur 40) était payée 1,275 livres. En 1802, une pareille glace aurait coûté 205 livres. Actuellement son prix est de 30^{fr},23[1]. Si l'on veut tenir compte du *pouvoir* de l'argent à ces trois époques, et de la dépréciation qu'a subie le numéraire depuis le xviie siècle, on se rendra compte de l'énorme dépense qu'exigeaient des décorations comme celles de la Galerie de Versailles ou d'habitations moins somptueuses, comme l'hôtel de Lorges et la maison du sieur Thévenin.

Malgré ce prix relativement très élevé, jamais les miroirs et les glaces ne furent plus recherchés qu'à la fin du xviie et au commencement du xviiie siècle. De l'usage on tomba dans l'abus. C'est de cette époque que date la mode de ces « cabinets de glace », dont la vogue se perpétua jusque dans les premières années de notre siècle. En 1668, le miroitier Jousset fournissait 144 glaces pour garnir le grand cabinet de Mlle de La Vallière. Nous savons par une quittance de l'architecte Bricard qu'une pièce du même genre existait au Palais-Royal ; et deux reçus de C.-L. Audran nous apprennent que l'hôtel de Bouillon en possédait une également. En outre, par Bachaumont, nous avons la description du cabinet de glaces de Bagatelle[2], et par Caillot celle du boudoir de Mlle d'Hervieu, dont « les côtés, le

---

1. Voir *Tarif des glaces de la manufacture royale*, publié par C. Chevillard, 1722 ; *la Manufacture des glaces de Saint-Gobain*, par Augustin Cochin, 1865 ; et *Notice sur les produits de la manufacture des glaces de Saint-Gobain*, 1889.

2. *Mémoires secrets*, t. XV, p. 188.

plafond et le parquet étaient garnis de glaces entre lesquelles il n'existait aucun intervalle[1]. »

Ce luxe très coûteux n'était pas à la portée des simples bourgeois, mais, dans des proportions moindres, ceux-ci ne manquèrent pas cependant d'en prendre leur part ; surtout quand l'architecte Robert de Cotte eut fait contracter à ses contemporains l'habitude de surmonter d'une glace plus ou moins vaste la tablette de la cheminée. C'est alors qu'on vit apparaître dans les avis de location cette mention : « Appartement orné de glaces, » qui commença d'être usitée au milieu du XVIIIe siècle, et qu'on remarquait encore il y a vingt ans sur la plupart des écriteaux.

Puis, des tablettes de cheminée les glaces passèrent aux meubles. Dans l'enivrement que causait cette nouveauté, on fourra des miroirs partout. On en garnit le ciel des lits, on en tapissa les alcôves ; les bureaux de femme en furent pourvus et donnèrent naissance à ces jolis secrétaires appelés « bonheur du jour » ; on en décora les bas d'armoires, les consoles, les étagères, on en fit des psychés ; elles formèrent les plateaux des surtouts, etc.

Le plus curieux, c'est que les glaces, encore à cette époque, étaient non seulement d'un prix élevé, mais relativement de petites dimensions. Aussi, pour couvrir des surfaces un peu vastes, était-on obligé de juxtaposer plusieurs glaces, ce qui faisait un très singulier et très fâcheux effet. Pour ne citer qu'un exemple, en 1766, le frère portier de l'oratoire Saint-Honoré faisait annoncer dans les journaux qu'il avait à vendre « une glace de cheminée propre pour un appartement fort élevé, en deux parties de 37 pouces de large : la première, ayant 54 pouces de haut, 299 livres, et la deuxième, 44 pouces, 214 livres 10 sols. Le *tein* des deux glaces, sculpture, dorure et parquet, 70 livres, en tout 583 livres 10 sols ». Actuellement personne ne voudrait

---

1. *Vie publique des François*, t. II, p. 99.

plus d'une glace pareille, divisée en deux tronçons. Son prix, cependant, bien qu'il fût inférieur de 30 pour 100 à ceux du *Tarif,* ne laisse pas que de paraître très élevé, car une glace de mêmes dimensions et d'un seul morceau coûterait aujourd'hui 130 francs à peine.

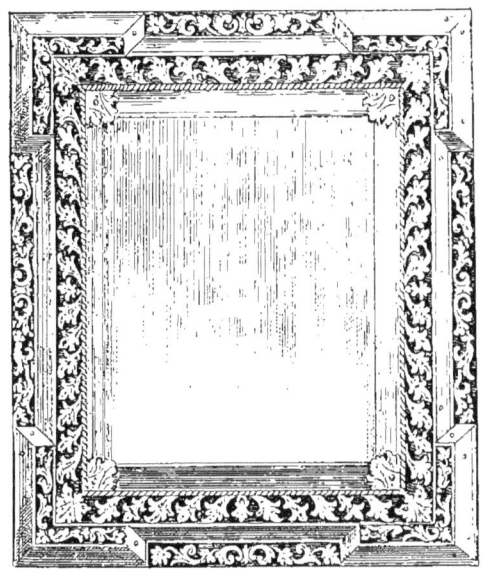

Fig. 118. — Miroir à cadre de glace taillé et biseauté (xviie siècle).

Et, en effet, depuis un siècle et demi, on ne s'est pas borné à réaliser des économies considérables sur le prix de fabrication des glaces. On a augmenté dans des proportions invraisemblables leurs dimensions courantes. Piganiol, dans sa *Nouvelle Description de la France*[1], parlant de la manufacture de Saint-Gobain, écrit : « Le volume des glaces qu'on fait est borné par la difficulté du poli; car il est impossible qu'un ouvrier puisse polir des glaces qui

1. Voir t. III, p. 187.

auroient plus de 60 pouces de large. » Les plus grandes glaces mentionnées dans le *Tarif officiel* que nous citions à l'instant, ne mesurent pas, en effet, une largeur plus grande ni une hauteur supérieure à 100 pouces. Ces miroirs, qui couvraient 6 mètres superficiels et qui alors passaient pour énormes, valaient 3,000 livres. En 1884, Saint-Gobain livrait des glaces de pareilles dimensions, et beaucoup plus régulières et plus belles, pour 365 francs. Aujourd'hui elles coûteraient un tiers de moins que ce dernier prix. C'est, en effet, sur les grandes glaces surtout que la diminution se fait le plus vivement sentir. Ainsi une glace de 10 mètres carrés, qui en 1875 valait 1,200 francs, n'était plus facturée que 467 francs en 1889. Ces chiffres se passent de commentaires.

Cet abaissement continuel des prix de vente, malgré la constante élévation des salaires, qui ont quintuplé en un siècle et demi, s'explique par des causes multiples. Grâce à la réduction opérée sur les prix de revient des produits chimiques[1], qui jouent un rôle capital dans la fabrication de la verrerie ; grâce aux étonnants progrès réalisés dans la main-d'œuvre ; grâce aux améliorations introduites dans les transports[2], on est arrivé à produire cette belle matière à si bas prix, qu'on a pu appliquer les glaces coulées à une foule d'usages nouveaux : vitrages, devantures de magasins, pavements, couvertures. En outre, il semble que les fabricants de glaces ne connaissent plus d'obstacles et qu'ils se fassent un jeu de produire des glaces de dimensions invraisemblables. Parmi les plus vastes qui aient été fabriquées en ces dernières années, il convient de men-

---

1. En 1783 le sulfate de soude valait 26 fr. 75 les 100 livres ; en 1865, il revenait à 13 fr. 30 les 100 kilog.
2. Au XVIII° siècle les glaces se transportaient de Chauny à Paris par bateau, et le trajet durait huit jours. Aujourd'hui il dure quatre heures. Résultat : sur soixante-douze glaces expédiées, soixante arrivaient sinon en morceaux, du moins abimées. Actuellement le déchet est presque nul.

tionner : celles du foyer de l'Opéra, qui mesurent 6^m,51 sur 3 m.; de l'hôtel de ville de Paris, 5^m,73 sur 2^m,43; du Casino de Monaco, 6^m,21 sur 3^m,54; de l'hôtel Continental, 5^m,07 sur 3^m,48.

Enfin, en 1878, Saint-Gobain exposait au Champ-de-Mars une glace sans tain de 27 mètres carrés, « du verre le plus pur et le plus transparent, offrant une planimétrie absolue[1] ». On peut se demander, après cela, quelles surprises nous réserve l'Exposition qui doit clôturer notre dix-neuvième siècle.

1. *Rapport sur les cristaux, la verrerie, les vitraux* (groupe III, cl. IX), par MM. Didron et Clemandot, p. 37.

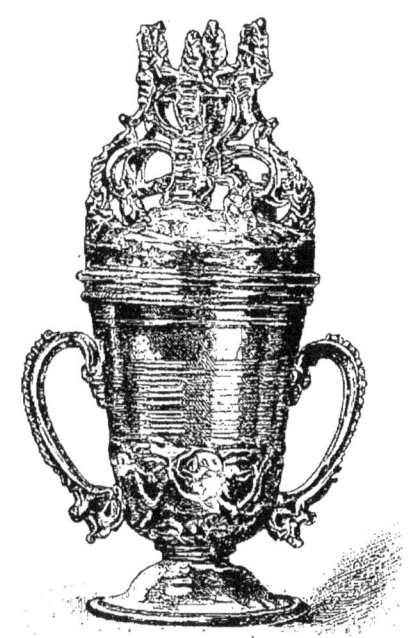

VIII

LA VERRERIE ALLEMANDE

Nous avons expliqué dans un précédent chapitre qu'au xviie siècle, la vogue sans pareille dont avaient joui jusquelà les produits vénitiens, fit brusquement place à l'engouement qui accueillit la gobeleterie de Bohême. Ces beaux verres taillés, enrichis de gravures au touret, rappelant par la noblesse un peu massive de leurs formes et leur limpide transparence les vases de cristal de roche, si recherchés à toutes les époques, devaient séduire une société amoureuse de luxe solide, et dont les allures somptueuses, reflet de la majesté royale, contrastaient un peu trop avec les sveltes et fragiles verreries de Murano.

Sauf pour les miroirs, la Bohême, à partir de 1620, remplaça donc dans nos importations sa rivale italienne. Elle nous fournit un grand nombre de pièces de gobeleterie taillées et gravées. Elle nous expédia même des glaces biseautées pour les fenêtres, et ce ne fut pas un des moindres luxes de Marie de Médicis, que de faire garnir les croisées de son palais du Luxembourg, de verres de Bohême « mis en plomb », ou, pour parler plus exactement, sertis dans une armature d'argent.

Hâtons-nous d'ajouter que longtemps, très longtemps avant cette prise de possession de notre marché par les fabriques de Bohême, la verrerie avait jeté en Allemagne un certain éclat. On prétend même que, dès l'aurore du Moyen Age, — au viie siècle, — ce noble art fut pratiqué dans les environs de Mayence. On cite, au xiie siècle, les noms de deux artisans de Cologne qu'on croit avoir été des verriers. Ces prétentions, au surplus, à faire remonter l'origine de la verrerie allemande à une époque si lointaine n'ont rien d'insoutenable ; et si, comme l'affirment certains commentateurs, le moine Théophile, dont, à plusieurs reprises, nous avons eu occasion de signaler le curieux ouvrage, habita le couvent de Helmershausen en Westphalie, il serait bien invraisemblable que ses compatriotes eussent ignoré une profession dont il parle avec tant d'autorité et d'expérience.

Toutefois, il convient de remarquer avec M. Gerspach[1] que, « dans l'énumération des ouvrages qu'honore l'industrieuse Germanie », Théophile cite l'or, l'argent, le cuivre, le fer, le bois, la pierre, mais que le verre n'est pas mentionné, ce que le moine n'eût pas manqué de faire, si réellement cette fabrication avait eu quelque importance. Il est donc présumable que l'industrie verrière fut, durant tout le Moyen Age, assez peu florissante en Allemagne ; et quand les écrivains allemands nous affirment qu'en 1420, un de leurs compatriotes se rendit à Venise, exprès pour révéler aux verriers de Murano un procédé permettant de doubler le verre avec des feuilles métalliques, — procédé connu, du reste, et pratiqué dans l'Antiquité, — quand on ajoute qu'un autre Allemand enseigna aux Vénitiens, cinquante ans plus tard, à faire le cristal, on ne peut se défendre de penser que les Allemands, en fait de verrerie, avaient bien plus de secrets à emprunter à la reine de l'Adriatique que de procédés à lui dévoiler. Nous savons, du reste, que jusqu'à la fin du XVIe siècle l'importation de verrerie vénitienne fut considérable en Allemagne et dans les Flandres, et qu'à la foire de Nuremberg elle formait un élément important de transactions. Nous allons voir, en outre, qu'on ne se bornait pas à demander à Venise ses produits, mais qu'on débauchait encore ses ouvriers pour les attirer en Autriche et en Souabe.

Avec le XVIe siècle, la lumière commence à se faire sur

---

1. *L'Art de la verrerie*, p. 248.

ces débuts obscurs. Les noms d'un certain nombre d'artistes verriers ont été recueillis, surtout ceux de peintres et de graveurs sur verre, dont les œuvres décèlent une habileté et une originalité indiscutables. Au premier rang de ces artistes doit prendre place, à Nuremberg, la tribu des Hirschvogel, qui pratiqua cette noble profession pendant plus d'un siècle, de 1480 à 1589. Jusqu'à leur apparition la gobeleterie allemande avait été assez grossièrement traitée. Ce qui nous en a été conservé consiste en vidrecomes et en gobelets, d'une pâte verdâtre et commune, d'une forme lourde et sans grâce, ornés de boutons, de cornes, de torsades soudés à chaud sur le corps même du vase au cours de la fabrication.

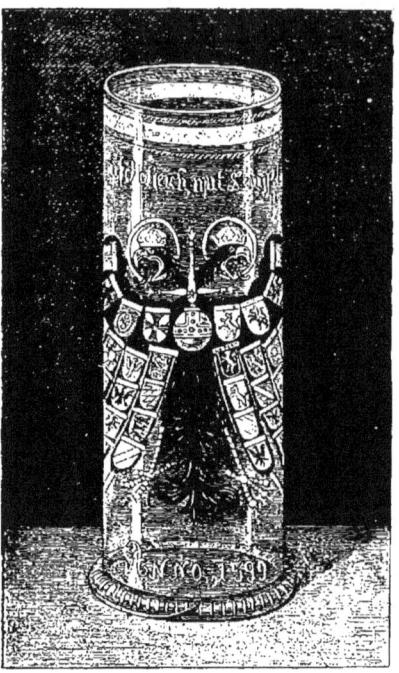

Fig. 120. — Gobelet en verre peint et émaillé.
(Fabrication allemande, XVIe siècle.)

Avec la collaboration des peintres verriers, cette gobeleterie, sans renoncer à ses formes lourdes et à sa couleur verdâtre très caractéristique, change brusquement d'aspect, et, grâce à une palette chargée d'émaux variés et brillants, la matière, quoique restant commune, s'embellit de décorations d'une allure fière et hardie, et vraiment très remarquables.

Comme cela était naturel, les verriers de Nuremberg

cherchèrent à améliorer la matière sur laquelle ils travaillaient. Dès le XVᵉ siècle, au surplus, pour obtenir ce même résultat, des ouvriers vénitiens avaient été embauchés et attirés en Allemagne. En 1428, on rencontre à Vienne un verrier de Murano nommé Onofrius de Blondio. Plus tard, nous trouvons en Souabe, protégé par Guillaume V, un autre verrier vénitien appelé Scarpoggialo, etc. Hirschvogel, voulant encore épurer et blanchir la pâte des verreries allemandes, se rendit lui-même en Italie. Mais il ne paraît pas que ces tentatives aient porté les fruits qu'on en attendait.

Le verre blanc, en effet, offrait un champ moins riche, moins vibrant que celui fourni par la pâte primitive, dont les teintes sourdes et

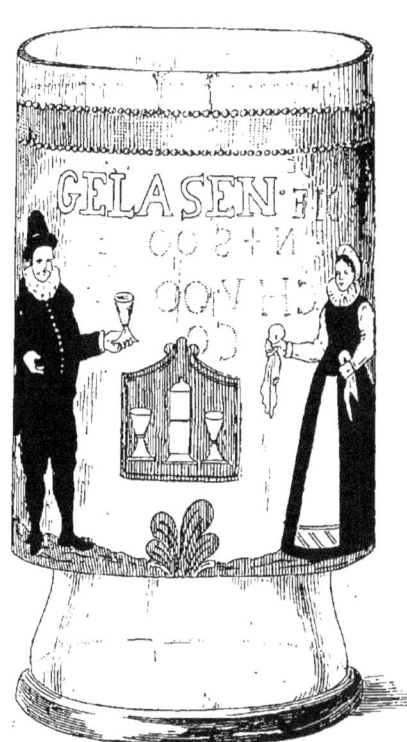

Fig. 121. — Bocal en verre peint et émaillé (XVIIᵉ siècle).

verdâtres servaient de repoussoir aux émaux richement colorés, et c'est ainsi que peu à peu la peinture sur verre se vit délaissée et fit place à la gravure pratiquée à Prague par Gustave Lehmann, à Nuremberg par Georges Schwanhard et Hermann Schwinger, à Vienne par Struden, etc., gravure à la roue, au touret, à la pointe de diamant, travail de lapidaire plutôt que de verrier, qui continua d'être en honneur dans tout l'Empire, en Flandre et en Hollande, jusqu'au jour où Henri Schwanhard, ayant laissé par hasard tomber une goutte d'acide fluorhydrique sur ses lunettes, remarqua que cet acide attaquait le verre, et se servit de cette découverte non seulement pour graver sans effort, mais pour créer ces fonds mats, dont on a fait depuis un si grand usage.

Cette curieuse application, qui devait, semble-t-il, généraliser l'emploi comme décoration de la gravure sur verre, paraît, au contraire, lui avoir été funeste. Jusque-là on avait fabriqué une quantité invraisemblable de gobelets, de coupes à couvercles, d'aiguières gravées d'armoiries, de grotesques, de scènes allégoriques ou guerrières. Dès qu'on fut en possession de ce procédé expéditif, ces jolis ornements cessèrent peu à peu de décorer les panses des vases, et la taille, avec ses grands plans et ses multiples facettes, remplaça progressivement les délicats entrelacs incisés par le graveur.

Nous venons de nommer Gaspard Lehmann, de Prague, chez qui Georges Schwanhard vint apprendre son métier de graveur sur verre. Si l'on en croit les écrivains spé-

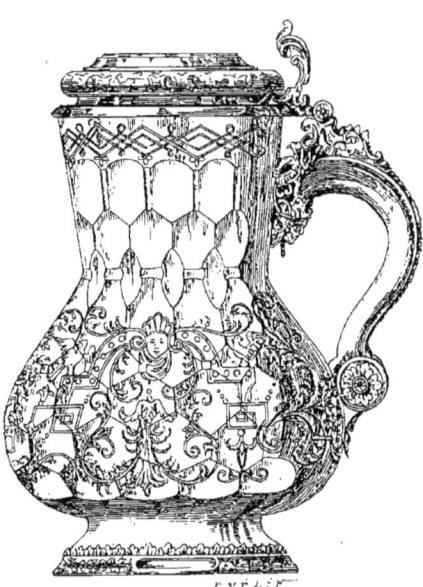

Fig. 122. — Aiguière en verre de Bohème taillé et gravé (XVIIe siècle).

ciaux, c'est dans l'atelier de ce maître, repris ensuite par son élève, qu'auraient été tentés les premiers essais de la taille, ce nouveau mode de décoration qui allait révolutionner la gobeleterie.

Admirablement servie par l'étendue de ses forêts, qui fournissaient à ses verriers le combustible et la soude; par le nombre de ses cours d'eau, qui, outre la force motrice nécessaire aux opérations de la taille, formaient autant de routes toutes tracées qui facilitaient l'exportation, peuplée par une race industrieuse, sobre, énergique, laborieuse, la Bohême vit bientôt de nombreuses verreries s'élever un peu partout sur son territoire.

Mais, la taille nécessitant une plus grande épaisseur de matière, toute une révolution se produisit non seulement dans la forme, mais encore dans la nature même de la pâte. Celle-ci, épurée, raffinée, devint étonnamment blanche et transparente, et se rapprocha mieux qu'aucune autre substance du cristal de roche, ce type idéal poursuivi par les verriers de tous les temps. Grâce à ces rares qualités et aussi, nous l'avons dit, parce que ses formes plus robustes, mieux comprises, correspondaient davantage aux besoins, aux exigences, aux convenances de cette société nouvelle qui était éclose en Europe avec le XVIIe siècle, la verrerie de Bohême fut adoptée en France, en Allemagne, dans les Pays-Bas. Son commerce s'étendit jusqu'en Espagne et en Portugal. Elle éclipsa même la verrerie de Murano au point qu'en 1730 un Vénitien, Giuseppe Briati, vint en Bohême pour y apprendre les nouveaux procédés de fabrication[1], et finalement sa production jouit d'une vogue incontestée jusqu'au jour où le cristal anglais, beaucoup plus pur, beaucoup plus beau, plus sonore surtout, et se prêtant mieux aux nécessités de la taille à facettes, remplaça dans la faveur générale le verre de Bohême, comme celui-ci avait remplacé les produits de Murano.

1. Gerspach, l'*Art de la verrerie*, p. 280.

Destituées du service des tables et forcées de renoncer à leur exportation de gobeleterie de luxe, les manufactures de Bohême essayèrent de reconquérir une partie de leur ancien prestige, en créant une verrerie de décoration qui leur est restée bien personnelle. Un illustre chimiste allemand, Hunckel[1], avait trouvé le moyen de produire à des prix abordables des verres bleus et rouges, d'une intensité admirable de coloration et d'éclat. Les Bohémiens, ne renonçant pas à la gravure qui avait fait leur réputation et leur fortune, eurent l'idée de fabriquer des vases à deux couches, bleus ou rouges au dehors, blancs à l'intérieur, et d'*intailler* dans la couche extérieure des sujets de chasse plus ou moins compliqués.

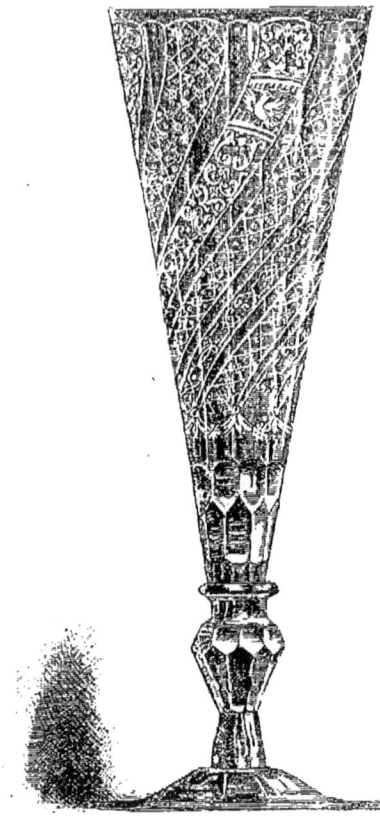

Fig. 123. — Flûte en verre de Bohême taillé et gravé (xviiie siècle).

Tout le monde a pu voir de ces verreries originales, malheureusement un peu lourdes de formes, d'une décoration à la fois précieuse et naïve, froides d'aspect en dé-

---

1. Celui-là même qui a traduit en allemand et annoté l'*Art de la verrerie* de Néri.

pit de leurs vives colorations, et dont le caractère artistique, beaucoup trop bourgeois, ne saurait faire oublier les chefs-d'œuvre des époques antérieures. Considérés comme des articles d'étagère et des objets de curiosité, ces verres furent fort à la mode en France sous le règne de Louis-Philippe. Depuis lors, la verrerie bohémienne s'est fait apprécier chez nous par d'autres productions.

En 1855 et en 1867 Paris admira sans réserve les beaux lustres exposés par la section autrichienne. On n'a pas oublié non plus les séries de vases, enrichis d'émaux, et surtout les verres irisés, envoyés en 1878 par M. Lobmeyr, et les décors en or formant relief exécutés dans les ateliers de M. Moser. Toutes ces précieuses verreries, se recommandant par la somptuosité d'une ornementation un peu prolixe, par la finesse de la taille, et aussi par leur prix accessible, attestent l'activité persistante des fabriques de Bohême. Et tout porte à croire que leur production aurait reconquis chez nous son ancienne faveur, si la cristallerie française n'était désormais en état de satisfaire à tous nos besoins, et de la façon la plus complète.

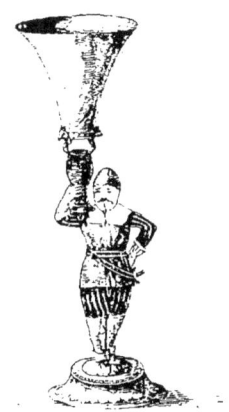

IX

LE CRISTAL

« Les Anglais, écrit M. Peligot[1], ont les premiers fabriqué cette belle matière, plus éclatante et plus blanche que le cristal de roche, qu'ils appellent *flint-glass* et à laquelle nous avons donné le nom de cristal. » A quelle époque les Anglais firent-ils cette précieuse découverte? Vraisemblablement dans les premières années du xviie siècle. Constatation singulière! on prétend qu'elle fut imposée en quelque sorte aux verriers de la Grande-Bretagne, par l'obligation où ceux-ci se trouvaient de n'employer que de la houille. A cause des fumées excessives du charbon de terre, la fusion des matières vitrifiables ne pouvait se produire utilement qu'en des pots couverts, et par suite moins accessibles à l'action directe du feu. De là, nécessité de recourir à un fondant particulier facilitant la fusion, adjonction d'une certaine quantité de plomb, et, comme conséquence, production du cristal.

Cette découverte, toutefois, ne donna pas immédiatement tous les résultats qu'on était en droit d'en attendre, et la verrerie anglaise, qui avait jusque-là mené une existence assez obscure, continua de végéter encore pendant près d'un siècle et demi. Les sables employés par les premiers fabricants, et qu'ils tiraient du sol même de l'Angleterre, n'étaient pas assez purs. Bien qu'on s'efforçât de corriger par le manganèse la coloration rougeâtre produite par l'oxyde de fer dont ils étaient saturés, leur teinte demeurait sombre. Il fallut, pour arriver à produire des cristaux d'une admirable transparence, que les fabricants se décidassent à importer des sables étrangers.

1. *Rapport du jury international de l'Exposition de 1867*, t. III, p. 65.

Nous avons dit quelle vogue accueillit, vers le milieu du siècle dernier, le *flint-glass* ainsi transformé, et comment son importation remplaça celle du verre de Bohême. Ce dernier continua encore d'être utilisé pour les pendeloques taillées servant aux lustres et aux girandoles, et surtout pour les vitrages de prix; et l'on relève dans les journaux de la seconde moitié du siècle dernier, nombre d'offres de location où il est fait mention, comme d'un luxe recherché, de fenêtres garnies de verre de Bohême[1]. Mais pour la gobeleterie, le *flint-glass* richement taillé à facettes, arrêtant et décomposant la lumière, jetant sur les tables mille feux vivement colorés, obtint partout un succès complet. Bien que sa taille même, poussée à l'excès, alourdît ses formes et dénaturât le galbe des pièces, il fut adopté dans tous les pays et régna en maître chez nous, jusqu'au jour où nos verriers se mirent à leur tour à fabriquer du cristal.

C'est seulement en 1782 que, pour la première fois, à la manufacture de Saint-Louis, on parvint à produire cette superbe matière. Notre verrerie venait, au reste, de traverser une crise redoutable. Nous avons expliqué dans un précédent chapitre que, sous la haute protection de Colbert, ce bel art avait reçu de Louis XIV, au temps heureux de son règne, de puissants encouragements. Mais quand la fortune commença de se montrer sévère pour celui qui se faisait appeler le Grand Roi, le gouvernement abandonna aux hasards souvent périlleux de leur destinée les divers établissements qu'il avait fondés, et la verrerie, réduite à ses seules forces, vit décroître progressivement, avec la qualité de ses produits, le chiffre de ses transactions.

1. Le nom de verre de Bohême, employé pour désigner le verre à vitre, était encore, au commencement de ce siècle, si couramment employé, que les *Annales de l'industrie*, rendant compte de l'exposition de 1819, informent le public que la manufacture de Saint-Quirin (Meurthe) avait envoyé à cette exposition « des verres à vitre blancs dits de Bohême ».

Ajoutons que, par un préjugé singulier et qui nous est signalé par Savary des Bruslons[1], l'industrie française était en outre portée à ne plus faire que des verres communs. On était, paraît-il, convaincu, dans le peuple et dans la bourgeoisie, que les « verres de fougère[2] » donnaient au vin un goût meilleur. Quant aux tables riches, nous avons dit qu'elles s'approvisionnaient de gobeleterie en Bohême et en Angleterre. Enfin, la situation de notre production verrière était si critique, qu'en 1760 l'Académie des sciences mit au concours la question suivante : « Indiquer les moyens les plus propres à porter l'économie et la perfection dans les verreries de France. » Ce fut Bosc d'Antic qui remporta le prix. Son mémoire, qui, après avoir passé en revue les différents centres de fabrication de l'Europe et étudié leurs procédés, établissait, d'une façon péremptoire, que notre infériorité résultait surtout de la qualité fâcheuse de nos matières premières et de l'ignorance de nos maîtres verriers, produisit un excellent effet. Il marqua le point de départ d'une renaissance de la verrerie française, et quelques années s'étaient à peine écoulées qu'on voyait s'élever et grandir les établissements qui allaient devenir, en ce siècle, l'honneur de notre industrie et l'exemple du monde entier.

En 1765, en effet, Baccarat était fondé, sous le nom de verrerie de Sainte-Anne, par l'évêque de Metz et par Antoine Renault, avocat au parlement, receveur des domaines à Nancy, qui en fut le premier directeur. En 1767, les sieurs de La Salle, Olivier, Anthoine et Joly créaient à leur tour la manufacture de Saint-Louis, où l'on devait, quinze ans plus tard, arriver à produire des cristaux dignes, comme pureté et comme éclat, d'être comparés à ceux de l'Angle-

---

1. *Dictionnaire universel de commerce*, t. 1er, col. 1208.
2. On appelait « verres de fougère » ou simplement *fougère*, et par corruption *feugère*, les verres communs faits par les verriers à l'aide des cendres de fougère.

terre [1]. On sait quel développement prirent par la suite ces deux établissements réunis sous une même direction, et comment notre pays se trouva enfin délivré du tribut qu'il payait à l'importation étrangère.

Bientôt même on tomba dans l'excès, et du service de table, cette brillante matière, passant à la confection du mobilier, trouva son emploi jusque dans l'architecture. Une exposition récente nous a permis de revoir un fauteuil et une toilette entièrement en cristal taillé, remontant comme fabrication au Premier Empire. (Voir plus haut, page 73.) Cette application disproportionnée ne constitue pas un fait unique. En 1819, la veuve Désarnaud-Charpentier, propriétaire du magasin justement célèbre situé au Palais-Royal, et auquel son *escalier de cristal* servait d'enseigne, exposait au Louvre un mobilier complet de ce genre.

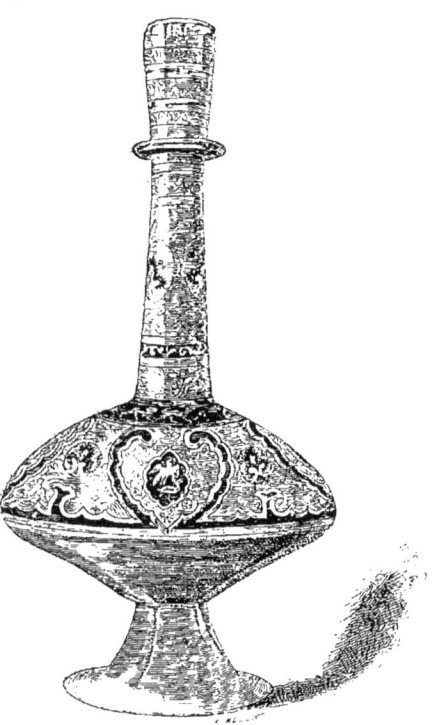

Fig. 125. — Flacon émaillé, copié sur un modèle oriental du XVIe siècle.

---

1. L'Académie des sciences consacra ce beau succès, en chargeant le célèbre chimiste Macquer et Fougeroux de Bondaroy de lui adresser un rapport sur les résultats obtenus par M. de Beaufort, alors directeur de cet établissement.

« Elle exécute en cristal, écrit un contemporain, tous les meubles sans exception, pendules, vases, tables, toilettes, candélabres, etc.[1]. » Ces cristaux provenaient de Baccarat, où ils étaient taillés d'après des modèles envoyés de Paris.

Nous avons, du reste, constaté, dans la première partie de ce livre, que ces tours de force se répétèrent d'une façon en quelque sorte périodique. En 1867, les compagnies réunies de Baccarat et de Saint-Louis prouvèrent, la première en exposant une fontaine de 7^m,30 de hauteur et des vases Médicis de 1^m,60, la seconde par ses grands candélabres et sa vaste coupe à médaillons, non seulement « qu'il n'est aucune sorte de pièces d'ornementation et d'ameublement, de quelque dimension que ce soit, qu'on ne puisse faire en cristal », mais encore que ces deux établissements « possédaient dès cette époque une puissance de fabrication qui ne se rencontrait dans aucun autre pays[2] ». Enfin en 1878 Baccarat, nous l'avons déjà dit, édifiait au Champ-de-Mars un petit temple de cristal, dont les colonnes étaient surmontées par un dôme.

Hâtons-nous d'ajouter que, fort heureusement, nos grandes manufactures ne bornèrent pas leurs efforts à produire de ces ouvrages gigantesques, et d'une utilité douteuse. Une multitude de pièces, appartenant au service de table, sont venues attester, par leur limpidité incomparable, par l'élégance de leur galbe et la franchise de leur exécution, que désormais les verriers français savent atteindre comme blancheur et comme éclat à la même perfection que leurs concurrents anglais, alors que, « sous le rapport de la variété et le bon goût des formes », nos produits surpassent assurément ceux de l'Angleterre.

Constatons encore que cette belle victoire n'est pas uni-

---

1. *Annales de l'industrie*, exposition de 1819 ; t. III, p. 77.
2. Peligot et Bontemps, *Rapports du jury international de l'Exposition de 1867*, t. III, p. 71 et 72.

quement due aux deux établissements que nous venons de citer. A côté de Baccarat et de Saint-Louis, il y aurait injustice à ne pas mentionner les cristalleries de Clichy, de Pantin, du Bourget et de Sèvres, dont les produits, eux aussi très remarquables, ont singulièrement aidé à assurer à notre fabrication une réputation européenne. En outre, il ne nous est pas permis de passer sous silence les très nombreuses créations, adaptations ou restitutions qui ont renouvelé en partie la production verrière et qui constitueront dans son histoire l'apport du xixe siècle.

C'est ainsi qu'après avoir longuement parlé des cristaux taillés et de leurs multiples applications, il faut dire quelques mots du verre mousseline, résurrection démocratique de la verrerie vénitienne, susceptible de tant de délicates et charmantes adaptations. De même il faut citer l'emploi du *spath fluor* pour obtenir ces verres opalins qui ont rendu de si grands services à la verrerie d'éclairage ; le secret des verres filigranés et *millefiori*, retrouvé par M. Bontemps, et la reconstitution de l'*aventurine*, « cette pierre philosophale de la verrerie », comme l'appelait M. Peligot, opérée en grande masse et pour la première fois par MM. Monot et Stumpf. Les émaux de toutes sortes, en baguettes et en pains, scientifiquement obtenus par MM. Paris, Appert, Guilbert et Martin ; le *trempage* du verre, découvert par M. de La Bastie ; les machines à tailler perfectionnées par M. Jaubert ; enfin l'adaptation des fours Siemens, le soufflage mécanique, et nombre d'autres innovations dont nous avons expliqué plus haut les merveilleux résultats et les précieux avantages, sont à ne pas oublier.

Mais ces belles découvertes, qui, pour la plupart, ont eu plus d'effet sur la production industrielle que sur le développement artistique de la verrerie, nous touchent peut-être moins que les généreuses recherches d'un certain nombre d'artistes qui se sont efforcés de rendre à cette belle matière la place d'honneur qu'elle avait tenue, durant l'Antiquité et pendant le Moyen Age, dans nos habitations princières et parmi nos objets de prix.

Au premier rang de ces artistes de mérite, il convient de placer M. Brocard, qui, dans ses imitations de la verrerie orientale, est arrivé à une perfection telle, que l'illusion est permise, et qu'on a vu certains critiques d'art prendre ses copies de lampes moresques pour des œuvres remontant aux plus belles époques de l'art musulman. On peut dire, au surplus, que jamais l'entente de la couleur et du sentiment décoratif n'a été poussée plus loin, et bien que M. Brocard se soit pareillement exercé à reproduire des chefs-d'œuvre de la Renaissance italienne, c'est surtout par ses vases arabes ou persans qu'il marquera parmi nos verriers contemporains.

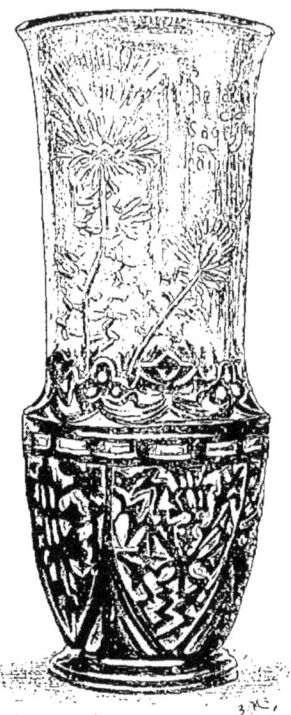

Fig. 126. — Porte-bouquet en cristal taillé et gravé, exécuté par M. Gallé.

C'est également à l'Orient, mais à l'extrême Orient, que M. Rousseau et après lui M. Gallé, de Nancy, ont demandé le renouveau de leur art. Il semble que la vue des jades rapportés du Palais d'Été aient exercé sur eux une influence suggestive. Tous deux se sont efforcés, avec des mérites divers, de donner à la matière même qu'ils mettaient en œuvre, la valeur des cristaux de roche blancs ou enfumés et l'accent des gemmes. Ils ont voulu que son aspect intrinsèque, en dehors de toute forme et de tout décor, fût capable d'éveiller l'intérêt et même la passion des amateurs. Ils y ont réussi; et soit qu'ils aient jaspé leur pâte par l'introduction de sels métalliques, dont l'action modifiée par des vapeurs réductrices présente les résultats les plus inattendus; soit qu'à l'aide d'une projection d'eau froide entre deux feux, ils aient strié la matière, la criblant de fines et étincelantes craquelures; soit que, superposant plusieurs couches, ils opposent les teintes opalines aux couleurs transparentes; soit enfin qu'ajoutant des larmes de verre coloré ils entaillent ces masses contrastantes, de façon à obtenir des vases étranges, aux formes insolites et rares, aux plans multiples et imprévus, on peut dire qu'ils ont aidé singulièrement à rendre à une matière merveilleuse et injustement dédaignée, une partie de son prestige ancien. A ce titre, leur tentative originale et hardie comptera certainement dans l'histoire de la verrerie.

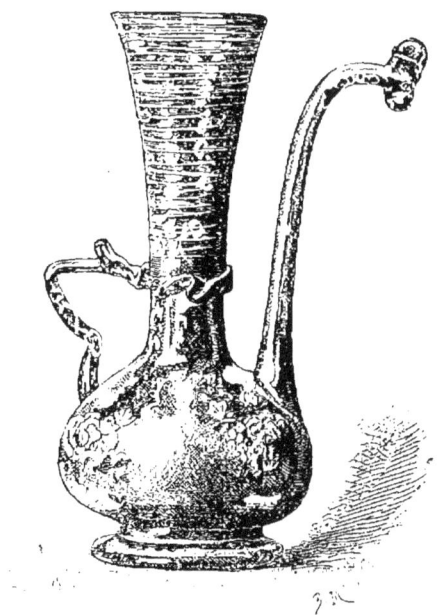

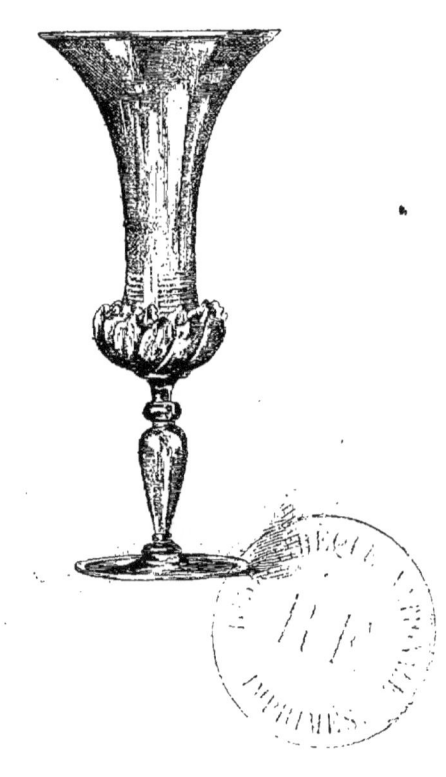

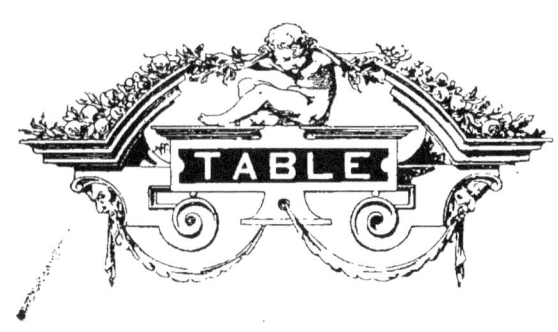

PREMIÈRE PARTIE

FABRICATION

I.	— Du verre. — Son extrême utilité et ses nombreux services...	3
II.	— La Verrerie sous l'Ancien Régime. — Les gentilshommes verriers. — Leurs devoirs et leurs privilèges..	8
III.	— Des différentes sortes de verre et de leur composition.	16
IV.	— Construction des fours.............................	21
V.	— Des pots ou creusets.............................	32
VI.	— Les verres à vitres................................	41
VII.	— La gobeleterie. — Verres à pied. — Flacons. — Bouteilles...	49
VIII.	— De la taille du verre et du cristal..................	59
IX.	— La gravure.......................................	70
X.	— Autres manières de décorer la gobeleterie. — La peinture; la dorure, les émaux, les verres filigranés, la craquelure, etc...................................	74
XI.	— La recuisson du verre. — Les larmes bataviques. — Les arches à recuire. — Le verre trempé...............	89
XII.	— Le coulage des glaces.............................	94
XIII.	— Les vitraux. — La peinture sur verre...............	100

TABLE DES MATIÈRES

DEUXIÈME PARTIE

HISTOIRE

- I. — La Verrerie en Égypte, en Grèce et à Rome............ 125
- II. — La Verrerie en Gaule................................. 134
- III. — La Verrerie au Moyen Age............................ 141
- IV. — La peinture sur verre................................ 149
- V. — La Verrerie à Venise.................................. 167
- VI. — La Verrerie française au XVIe et au XVIIe siècle..... 179
- VII. — Les glaces coulées................................... 187
- VIII. — La Verrerie allemande............................... 196
- IX. — Le cristal... 204

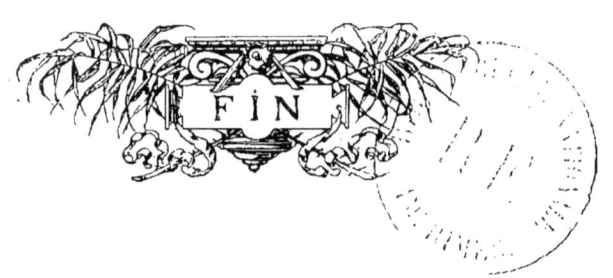

IMPRIMÉ

POUR M. CH. DELAGRAVE

PAR LA

SOCIÉTÉ ANONYME D'IMPRIMERIE DE VILLEFRANCHE-DE-ROUERGUE

JULES BARDOUX, DIRECTEUR

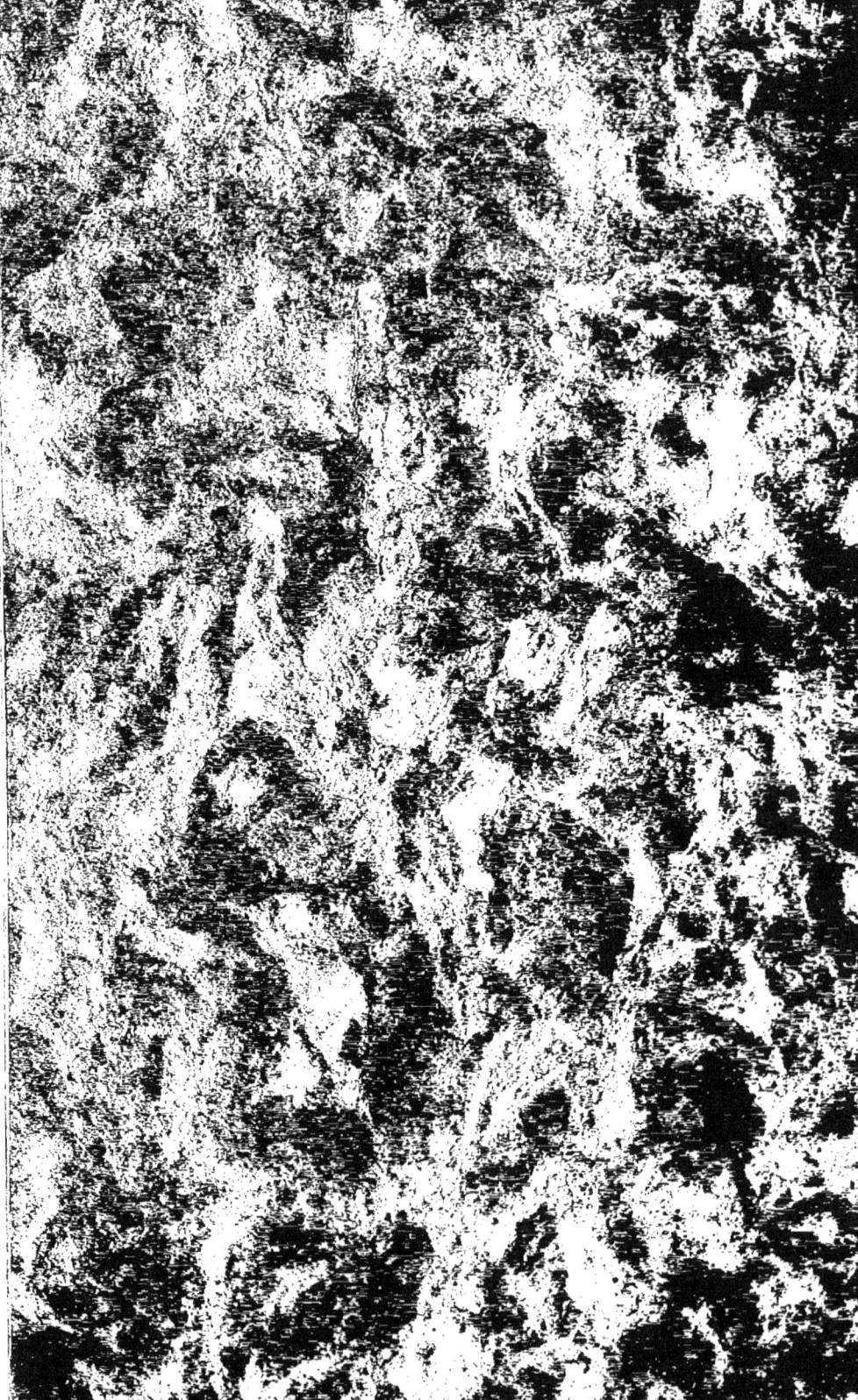

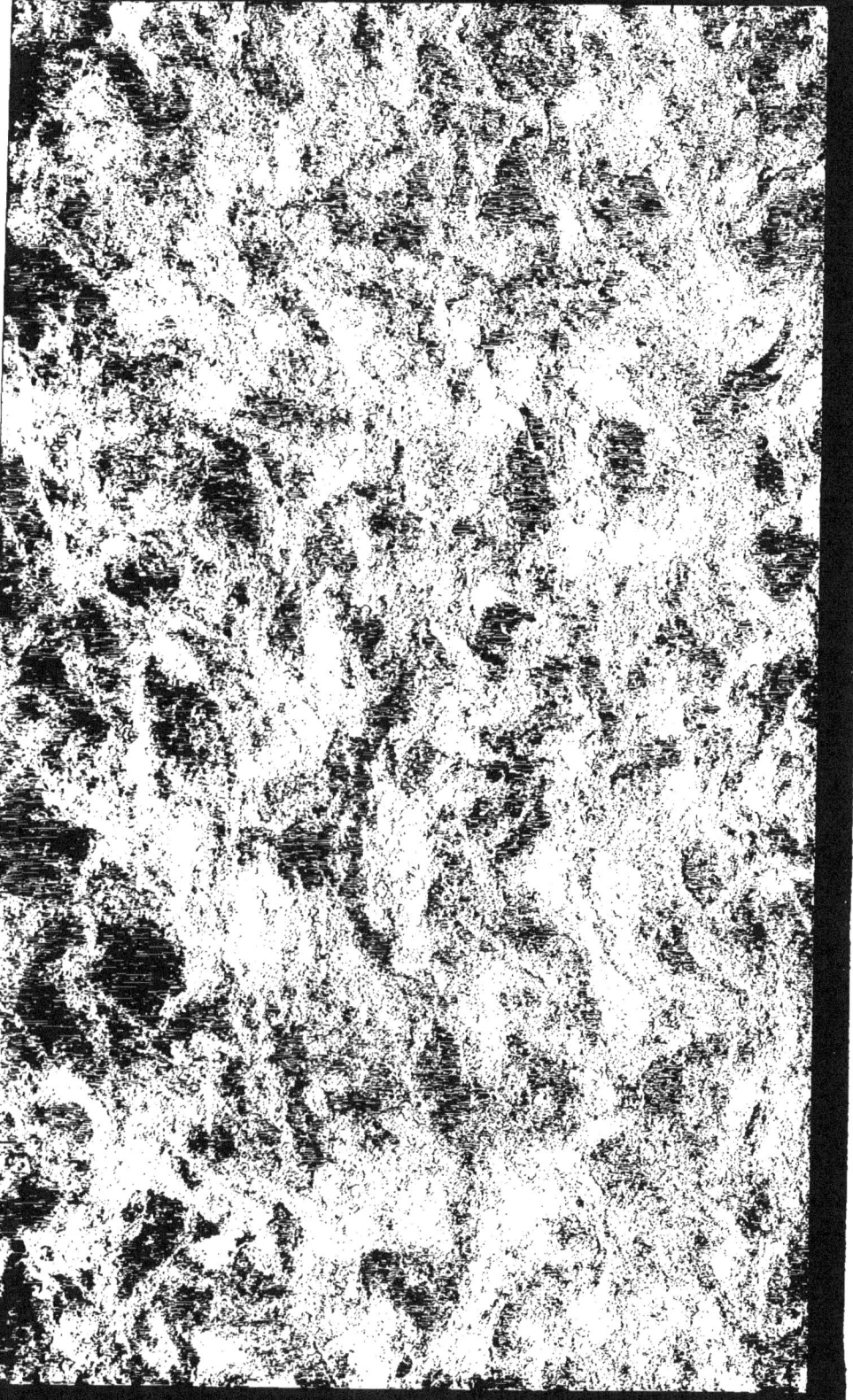

www.ingramcontent.com/pod-product-compliance
Lightning Source LLC
Chambersburg PA
CBHW050203230526
45470CB00001B/216